대학 전공 선택 + α

교육학 교수가 알려주는
슬기로운 전공 선택 가이드

박수정 · 김선영 공저

학지사

머리말

『대학 전공 선택 + α』

이 책은 대학 전공의 탐색과 선택을 위한 유용한 정보(대학 전공 선택)와 성공적인 대학 생활에 도움이 될 이야기(α)를 전하고자 기획하였습니다. '전공'은 주된 학업 분야를 뜻하는 말로, 영어로는 'major'라고 합니다. 전공은 대학생에게 매우 중요한 의미를 지닙니다.

대학에 근무하며 수많은 학생을 만났습니다. 전공을 정하고 입학했더라도 전공과 진로에 대한 고민이 끊이지 않았습니다. 많은 대학생이 선택한 전공 외에도 복수전공과 부전공을 병행합니다. 요즘은 전공자율선택제로 입학하는 학생들이 많아졌습니다. 전공을 탐색하고, 결정하는 과정 그리고 성공적인 이수가 더욱 중요해졌습니다.

교육학을 전공하고 대학에서 학생들을 지도하는 교수가 함께 고민하며 이 책을 집필하였습니다. 대학의 전공과 대학 생활이 궁금한 고등학생, 대학에 입학하여 전공을 정하려는 대학 신입생, 복수전공, 전과, 편입을 생각하는 대학 재학생 및 졸업생에게 도움이 될 것입니다.

제1장은 대학 전반과 전공에 대해 살펴보고, 제2장에서 본격적으로 전공을 탐색하는 과정을 시작합니다. 제3장부터 제7장은 대학의 여러 전공과 학과를 구체적으로 탐색하며, 제8장에서는 성공적인 대학 생활을 위한 다양한 정보를 담았습니다. 이 책이 대학 전공 선택의 길잡이가 되고, 대학 생활 그리고 대학 이후의 삶에도 도움이 되기 바랍니다. **"모든 삶이 귀합니다. 내 삶의 주인이 됩시다."**

차례

제3장 대학 전공 알아보기: 인문계열 · 88 김선영

제4장 대학 전공 알아보기: 사회계열 · 112 김선영

제5장 대학 전공 알아보기: 자연계열 · 146 김선영

제6장 대학 전공 알아보기: 공학계열 · 178

김선영

제7장 대학 전공 알아보기: 의약, 교육, 예체능계열 · 214

김선영

제8장 대학 생활 성공하기 · 224

박수정

제1장

대학 전공 이해하기

대학 전공이란 무엇이고 전공과 관련된 제도에는 무엇이 있을까요?
대학의 전공과 전공제도에 대해 전반적으로 이해하면서
슬기로운 전공 선택의 여정을 시작합니다.

1. 대학을 바라보는 우리의 자세

"대학에 왔더니, 목표가 사라졌어요."

신입생 시기를 돌아보면서 대학생이 한 말입니다. 여러 생각이 듭니다. 열심히 대학 입학을 위해 달려왔고, 재수와 삼수, 여러 경로를 거쳐 대학에 들어왔는데 목표가 사라졌다니요. 지금까지 '대학 입학'만을 '목표'로 두고 다른 것은 생각할 겨를 없이 달려왔기에, 막상 대학을 입학한 후에는 무엇을 해야 할지 막막한 것 같습니다.

대학은 목표가 아니라 '**시작**'이고 '**과정**'이겠지요? 혼란스럽다가도 곧 의미 있는 목표를 찾고 주도적으로 학업과 생활을 해 나가는 학생들도 적지 않습니다. 이러한 과정이 조금 더 빠르게 즐겁게 이루어지면 더욱 좋겠지요. 그리고 성공적인 삶을 만들어 가는 길에 적절한 도움을 받을 수 있어야겠습니다.

대학생들이 살아갈 시대는 어떤 모습일까요?[1]

직장에서도 4지 선다형 문제를 풀 것이다.

vs 정답이 없는 문제를 풀 것이다.

대학에서 배운 것으로 평생 먹고 살 것이다.

vs 평생 배워야 잘 살 수 있다.

취업에서 학벌이 가장 중요할 것이다.

vs 역량이 가장 중요할 것이다.

초등학교부터 대학까지 줄곧 정답이 있는 문제를 풀어 왔지만, 졸업 후 마주하는 현장에서는 더 이상 그런 문제를 풀지 않게 될 것입니다. 대학에서 좋은 학점을 받는 것보다 더 중요한 것은 '진정한 실력 쌓기'입니다. 실제적이고 복합적인 문제를 창의적이고 자기주도적으로 해결하는 능력을 길러야 합니다.

대학의 학습은 '완결형'이 될 수 없습니다. 사회에서 또 다른 배움을 위한 기초 소양 쌓기의 의미가 큽니다. 진로와 직업이 바뀌는 일은 빈번하고 자연스러운 일입니다. 모두가 평생학습자, 즉 배움을 찾는 사람, 잘 배울 수 있는 사람이 되어야 합니다. 배움은 대학에서 끝나지 않고 시작되는 것입니다.

최근 기업에서 학벌의 비중을 대폭 낮추고 직무 능력을 중심으로 선발하는 채용 추세가 확산되고 있습니다. 어떤 직장에서 일 못하는 사람을 좋은 대학 나왔다고 뽑을까요? 학벌의 비중은 줄고 역량으로 고용하는 시대가 왔습니다. '평생직장'이 사라진 시대, 이직과 창업에도 역시 역량이 요구됩니다.

이것은 사실 지금도 경험하고 있는 시대입니다. 과연 **대학**은 어떤 곳인가요? 어떤 역할을 해야 할까요? 대학의 목적을 법률(『고등교육법』 제28조)에서는 다음과 같이 제시하고 있습니다.

> 대학은 인격을 도야(陶冶)하고, 국가와 인류사회의 발전에 필요한 심오한 학술이론과 그 응용방법을 가르치고 연구하며, 국가와 인류사회에 이바지함을 목적으로 한다.

처음 보았을지 모르겠습니다. 다시 살펴볼까요? '인격, 학술과 응용, 국가와 사회에 이바지' 이 세 가지 키워드는 인격을 완성하고 역량을 개발하며 나아가 '기여'하는 학습자를 양성하는 대학의 역할을 보여 줍니다. 법률(『교육기본법』 제2조)에 명시된 '**홍익인간**(弘益人間)'의 교육이념과 연결하면 '**인격과 역량을 갖춘 세계시민**'을 의미한다고 볼 수 있습니다.

자금은 '**역량**'의 시대입니다. 역량은 '높은 성과를 보이는 자(high performer)가 발휘하는 능력'으로, 행동으로 발현되는 실질적인 능력을 의미합니다. 대학생이 갖추어야 할 역량은 무엇일까요?

대학생은 미래 인재이자 학습자입니다. 미래 인재에게 요구되는 대표적인 역량으로 4C가 있습니다. 즉, **창의성**(Creativity), **비판적 사고**(Critical thinking), **의사소통**(Communication), **협업**(Collaboration)이 요구되고 있습니다. 여기에 변화(Change), 즉 변화에 대응하고 변화를 만드는 역량을 추가하여 5C가 꼭 필요하다고 생각합니다.[2] 이 밖에도 인성(Characteristics)과 시민성(Citizenship)이 필요하다고도 합니다. 또 어떤 'C'가 필요할까요?

내 삶과 행동의 주인이 되는 '**주체성**(agency)'이 중요합니다. 최근 경제개발협력기구(OECD)는 『OECD 교육 2030』을 제안하였는데, 새로운 가치를 창출하고, 긴장과 딜레마를 조정하며, 책임감을 갖는 '변혁적 역량(transformative competencies)'이 필요하다고 하였습니다. 이와 함께 앞서 언급한 '주체성'을 강조하였고, 동료와 지역사회와의 '협력적 주체성(co-agency)'도 필요하다고 하였습니다. PISA(국제학업성취도평가)에서는 '협력적 문제해결능력'을 중요하게 측정하고 있습니다. 대학에서 '진정한 협력'의 경험이 중요합니다.

대학마다 학생의 인재상과 학생 역량을 제시하고 있습니다. 예를 들어, 서울대학교의 인재상과 역량은 창조하는 인재(종합적 사고, 창의융합), 탐구하는 인재(지식탐구, 자기관리), 실천하는 인재(소통협력, 세계시민)입니다. 충남대학교는 의사소통, 자기관리, 대인관계, 창의 · 융합, 인성, 글로벌을 핵심 역량으로 제시하고 있습니다. 가고 싶거나 현재 다니는 대학에서 제시하는 **대학생 핵심 역량**은 무엇인가요? 대학 홈페이지를 통해 살펴보고 참고하기 바랍니다.

역량을 기르기 위해서는 어떻게 해야 할까요?

대학에서 제대로 된 학습과 다양한 경험 그리고 도전이 필요합니다. 대학은 생각보다 많은 기회를 제공합니다. 슬기로운 전공 선택과 함께, 대학생으로서 누릴 수 있는 경험과 도전의 기회를 확인하고 누리기 바랍니다.

비전과 계획 구상하기

대학에서 내가 이루고 싶은 것은 무엇인가요?
10년 후의 나를 떠올리며, 실천 계획을 세워 보세요.

10년 후 나 (비전)	
대학에서의 목표	
대학에서의 실천 계획	

2. 대학 전공, 무엇인가요

○○대학교에 합격했어요! — 축하합니다. 무슨 과에 합격했나요?

○○대학교를 다닙니다.— 무슨 전공이지요?

특정 직업군을 양성하는 목적형 대학인 교육대학이나 사관학교가 아니라면, 대부분 대학과 전공, 대학과 학과는 항상 함께 갑니다. 대학의 전공은 무엇일까요?

대학 전공은 대학에서 학생이 집중적으로 배우고 연구하는 학문 분야를 의미합니다. 전공을 통해 학생은 해당 분야의 이론과 실무를 체계적으로 익히며, 졸업 후 진로와 직업 선택에 중요한 기반이 되고 크게 활용됩니다.

대학은 학칙으로 정하는 바에 따라 학과 · 학부 또는 이에 상응하는 조직을 둘 수 있습니다. 학과와 전공은 어떤 관계일까요? 비슷하지만 '**전공**'은 학문 분야, '**학과**'는 전공을 공부하는 단위입니다. 2개 이상의 학과를 묶어 '**학부**'라 하는데, 좀 더 광역화된 학과로 볼 수 있습니다. 학과와 학부가 소속되는 '단과대학'은 비슷한 성격의 학과를 묶은 행정적 단위입니다. 충남대학교 경상대학에는 경영학부(경영학, 회계학)와 경제학과, 무역학과 등이 있는데, 각각 학부와 학과의 예입니다.

구분	의미	예시
전공	학생이 집중적으로 공부하는 분야	경영학, 컴퓨터공학
학과	교수 및 연구의 단위, 학생 소속 단위	경영학과, 컴퓨터공학과
학부	여러 유사 학과를 묶은 상위 단위	경영학부(경영학과, 회계학과), 컴퓨터융합학부(컴퓨터공학과, 인공지능학과)

참고로, 전공보다 더 작은 단위는 '**세부 전공**'이라고 할 수 있습니다. 교육학(전공)의 세부 전공은 교육철학, 교육사, 교육과정, 교육심리, 교육공학, 교육평가, 교육사회, 교육행정 등이며, 대학원에서 이러한 세부 전공을 깊게 공부하게 됩니다.

대학에서 신입생을 모집할 때 기준이 되는 '**모집단위**'는 일반적으로 학과 또는 전공 단위이지만, 학부나 계열 등으로 통합하여 모집하기도 합니다. 지금까지는 학과별 모집이 전통적이었지만, 학부/계열별 모집, 전공자율선택(무전공) 모집이 확대되고 있습니다. 학생의 전공 선택권 확대와 융합교육을 위해 모집단위가 광역화되는 추세입니다.

대학의 전공을 선택하고 입학하는 것이 전통적인 방식이지만, 1980년대 초반과 2000년대 초반에 '**학부제**'로 통합하여 입학 후 2학년 때부터 학과를 선택하게 하는 시도가 있었습니다. 2000년대 후반에는 '**자유전공학부**'가 새롭게 만들어졌습니다. 이 시기에 의학전문대학원과 법학전문대학원이 설립되면서 종전 의대와 법대의 학부 정원을 자유전공학부로 하게 된 것입니다. 신설된 자유전공학부는 대부분 1, 2학년에 전공 탐색을 거쳐 2, 3학년부터 전공을 선택하여 진입하게 하였습니다.

2020년대 들어 정부 정책으로 '**전공자율선택제**'를 적극 장려하였는데, 많은 대학에서 이를 도입하면서 대학 입학 후 전공을 선택하는 학생들이 늘어났습니다. 교육부에서 제시한 전공자율선택제의 의미와 유형, 확대 이유와 기대 효과 등은 다음과 같습니다.[3] 학생의 전공 선택권을 확대하여 자신의 적성과 진로에 맞는 교육을 받을 수 있게 하고, 사회적으로는 수요에 기반한 인재를 양성한다는 것이 취지입니다.

전공자율 선택제	학생이 전공을 정하지 않고 입학한 후, 대학의 체계적인 지원 하에서 진로를 탐색하고 전공을 자유롭게 선택하는 제도
유형 1	• 대학 내 모든 전공 자율 선택 • 학생의 전공 100% 자율 선택 보장
유형 2	• 계열 또는 단과대 내 전공 자율 선택 • 100% 전공 자율 선택 또는 학과 정원의 150% 이상 범위 내 선택 보장
확대 이유	• 대학 전공이 입학 시 결정되어 졸업까지 이어져 전공 선택권이 제한되고 융합역량을 함양하기 어려움 • 학과별 정원이 유지되는 현 대학 체계로는 사회 · 산업 수요 변화에 탄력적으로 대응하기 어려움
기대 효과	• 학생의 전공 선택권 확대 • 사회 · 산업계 수요 등을 고려한 인재 양성 • 전공 위주의 교육에서 벗어나 미래사회에 필요한 교육 제공

국가자격을 취득하는 의학, 간호학, 교육학 그리고 예체능 계열 등 일부 학과를 제외하고, 전공 선택의 폭이 넓어졌습니다. 이렇게 특정 전공이나 소속 학과가 없이 대학 생활을 시작한 경우, 더욱 적극적으로 수업과 진로 탐색 프로그램에 참여하면서 충분한 전공 탐색을 해야 합니다. 그리고 이후 선택하게 될 전공의 기초와 전문성을 기를 수 있도록 더 노력해야 합니다.

전공을 선택한 후에도 다른 전공을 추가로 이수해야 하는지 고민이 생깁니다. 창의적인 융합인재를 환영하는 사회적인 추세에 따라 복수의 전공을 이수하는 **다전공**은 사실상 필수가 되었습니다. 그러나 다전공 선택에 있어서도 자신의 적성과 진로에 맞는지 탐색이 필요하며, '있으면 좋으니까' 마치 보험처럼 전공을 추가 이수할 필요는 없습니다. 어느 전공이든 결코 쉬운 공부는 없고 선택에 따른 비용, 즉 '**기회비용**'이 들기 때문입니다. 복수전공을 하다가 취소하는 경우도 있으니 신중하게 그리고 기왕 시작했다면 성공적으로 마칠 수 있도록 계획을 실천해야 합니다.

융복합 인재에 대한 수요가 높은 시대에도 나의 주전공 혹은 전문적인 분야에 대한 기반은 단단하게 다져야 합니다. 대학을 졸업하는 것이 특정 분야의 전문가로 인정되는 것은 아니며, 고등교육 이수자로서 기본 소양과 가능성을 가진 것으로 평가됩니다. 그래도 주특기는 있어야겠지요? 전공 공부를 열심히 하다 보면 길이 열릴 수 있습니다. 전공은 여전히 중요합니다. 전공을 바탕으로 많은 가능성을 만들 수 있습니다.

전공 선택과 관련된 유형[4]: 나는 지금 어떤 상태인가요?

- 전공 탐색형(Exploratory/Investigating): 다양한 전공을 경험하면서 적합한 진로를 찾고자 여러 과목을 찾아서 수강함
- 전공 유예형(Deferred/Undecided-Deferred): 외부 압박이나 심리적 불안정으로 인해 선택을 미루고 여러 수업을 들으며 결정을 늦춤
- 준비 부족형(Unprepared/Academically or Developmentally Unprepared): 정보나 자기 이해, 학업적 준비 등의 부족으로 전공 선택을 할 준비가 되지 않음

3. 대학 전공, 어떻게 이수하나요

대학의 전공은 입학할 때 결정하거나 입학 후 결정하게 됩니다. 지금까지 일반적인 방식은 전자, 최근 확대된 전공자율선택제는 후자인데, 대학마다 규모는 다르지만 국가자격을 취득하는 전공(의사, 약사, 수의사, 간호사, 교사)과 예체능 계열을 제외하고 많은 전공에서 전공 자율 선택이 가능하도록 허용하고 있습니다.

대학에 입학하면서 정한 전공도 대학을 다니는 동안 바꿀 수 있습니다. 대학 입학 후 학과를 옮기는 '**전과**(轉科)' 제도가 있는데, 전에는 2학년 이상만 가능했으나 이제는 학년 제한 없이 가능하여 전공 선택의 폭이 넓어졌습니다. 전공 선택과 전과에 대해 대학마다 내부 규정이 있고 인원과 선택 범위 등 어느 정도 제한이 있지만, 논리적으로는 대학 입학 전이든 입학 후든 자신의 적성에 따라 전공을 선택할 수 있게 되었습니다.

대학 내에서 전공을 이수하는 제도를 살펴보겠습니다. 대학 전공은 하나만을 이수하면 **단수전공** 혹은 단일전공이라 하고, 두 개 이상을 이수하면 **다전공**(多專攻)이라 합니다. 기본적으로 이수하고 있는 전공은 **주전공**(主專攻)이라고 합니다. 다전공을 이수하는 제도는 대학마다 명칭이 조금씩 다른데, 서울대학교 학칙에서는 다음과 같이 규정하고 있습니다.

구분	의미
복수전공	학생이 소속한 학과(부) 이외의 전공과정 이수
부전공	학생이 소속한 학과(부) 이외의 전공과정을 일정 학점 수 이상 이수
연합전공	둘 이상의 학과(부) · 전공이 연합하여 별도의 전공 설치
연계전공	학과(부)가 다른 학과(부)의 전공과 연계하여 교과과정을 확장 편성
학생설계전공	학생이 교과과정을 구성하여 총장의 승인을 받은 전공
교과인증과정	9학점 이상 15학점 이내로 구성된 교과과정

복수전공과 부전공 모두 주전공 외에 다른 전공을 이수하는 것을 의미합니다. **복수전공**은 주전공이 2개 인정되는 것이고, **부전공**은 주전공보다는 적은 부담(대체로 주전공의 1/2)으로 이수하는 것입니다. 복수전공과 부전공 이수는 학과의 수용 능력을 고려하여 일정 인원이 승인되며, 학과에 따라 학점, 면접, 수학능력 평가 등을 통해 선발합니다.

연합전공과 연계전공은 대학의 학과 측면에서 연합 또는 연계로 개설, 운영하는 전공인데, 이것도 학생 입장에서는 복수전공 또는 부전공으로 선택할 수 있습니다. **연합전공**은 독립적인 융합전공, **연계전공**은 학과 연계 교육과정인데, 그 형태와 서울대학교의 개설 전공을 예시하면 다음과 같습니다.[5] 벤처경영학(연합전공)은 철학과, 컴퓨터공학부, 경영학과, 식품·동물생명공학부, 법학부, 금융수학(연계전공)은 수리과학부, 경제학부, 경영대학, 산업공학과, 컴퓨터공학부가 함께 운영하는 전공입니다.

	연합전공	연계전공
운영 형태	A학과(부) 교과목 B학과(부) 교과목 → C전공	A학과(부) B학과(부) → C전공 교과목 교육과정
서울대학교 개설 전공	동아시아비교인문학, 정보문화학, 계산과학, 벤처경영학, 기술경영, 인공지능반도체공학, 글로벌환경경영학, 영상매체예술, 인공지능, 지능형통신, 정치–경제–철학	고전문헌학, 러시아학, 라틴아메리카학, 인문데이터과학, 유럽지역학, 뇌–마음–행동, 금융경제, 일본학, 금융수학, 학습과학, 영화영상학

학생설계전공은 **자기설계전공**이라고도 하며, 대학에 설치된 학과와 전공이 아니더라도 학생 스스로 만들 수 있는 전공이라는 점에서 가장 대표적인 수요자 중심의 전공입니다. 학생이 스스로 교육과정을 구성하여 학교의 승인을 받은 후 이수하는 전공 과정으로, 기존 전공 이수로는 달성하기 어려운 특별한 학문적 관심을 가진 학생들이 주 대상입니다. 복수전공 또는 부전공으로 이수할 수 있는데, 학습자 중심 교육, 자기주도학습 등 대학교육 동향을 반영하는 제도입니다. 서울대학교에서 2020년 이후 승인된 학생설계전공(일부)은 다음과 같습니다.[6]

서울대학교 학생설계전공	수여 학위
스포츠 국제관계학, 문화예술행정학, 인간컴퓨터 상호작용 및 디자인, 문예창작학, 조직행동학, 적정디자인, 이상심리사회복지학, 시각서사종합예술학, 브랜드 아이덴티티 디자인, 국제해양법, 한국건축해석학, 영상미디어학, 예술 미디어 경영학, 스포츠교육개발학, 디자인 브랜딩, 위험거버넌스학, 문화유산정책학, 환경에너지 정책학, 장애인재활심리상담학, 인간컴퓨터상호작용학, 제2언어로서의 한국어교육학, 이미지와 상상	문학사
국제과학협력학, 생물다양성과 지속 가능성, 과학사학, 진화행동과학	이학사
도시계획공학, 인간중심도시공학, 인간운동과학, 양자컴퓨터공학, 음악정보학, 인간운동과학, 바이오메틱 디자인	공학사

교과인증과정은 **마이크로디그리**(micro degree), **나노디그리**(nano degree)라고도 하는데, 작은 단위의 교육과정으로 특정 주제의 지정 교과목을 3~5개 이수하는 것입니다. 급변하는 기술 및 교육환경에 대응하는 미래 인재 양성을 위해 전문화된 지식을 유연하게 학습하고 인증 받을 수 있는 소단위 교육과정으로, 전공을 넘어 다양한 지식 능력을 단기간 학습할 수 있는 교과과정을 운영하여 학생의 선택권을 확대한 것입니다.[7] 이수기준 학점 충족 시 이수내역을 졸업증명서(학위수여증명서) 및 성적증명서에 기재합니다. 전공 이수는 아니지만 특정 주제에 대한 관심과 공부를 인정받을 수 있습니다.

충남대학교는 마이크로디그리과정을 적극 장려하고 있습니다. '4차 산업혁명 등 가속화되는 기술 혁신 및 인문 · 사회과학 발전에 대응하는 융합인재 양성을 위해 학습 내용의 전문화 · 집중화와 학습 기간의 단기화에 초점을 맞춘 단기 교육과정'으로 정의하고 있으며, 학과와 사업단에서 개발한 100여 개의 마이크로디그리 중 일부를 소개하면 다음과 같습니다.[8] 이수학점은 9~15학점이며, 지정된 과목을 모두 이수하게 하거나 과목 중 선택하여 이수하도록 하고 있습니다. 세계시민교육 예비전문가 양성과정의 경우, 교육학과 전공 과목(세계시민교육의 이해, 인권과 세계시민교육, 비교교육학)과 교양 과목(국제개발협력의 이해) 중 3과목(9학점)을 이수하면 마이크로디그리가 부여됩니다.

충남대학교 마이크로디그리과정	이수학점(이수과목)	개설학과
세계시민교육 예비전문가 과정	9학점(3과목)	교육학과
금융소비자과정	12학점(4과목)	소비자학과
사회조사 · 데이터분석전문과정	12학점(4과목)	사회학과
디지털 심리케어 전문과정	12학점(4과목)	심리학과
경제통계분석 전문가 과정	12학점(4과목)	경제학과
글쓰기 전문가 과정	14학점(5과목)	국어국문학과
디지털 의사소통 전문가 과정	9학점(3과목)	언어학과
고체 소재 첨단 기기분석	12학점(4과목)	화학과
양자과학기초 과정	12학점(4과목)	물리학과
공연예술기획 전문가 양성과정	11학점(4과목)	음악과
이차전지기술 특화 첨단과정	12학점(4과목)	응용화학공학과
차세대 반도체재료 전문과정	12학점(4과목)	신소재공학과
친환경 xEV 공학과정	12학점(4과목)	기계공학부
사이버보안개발자 양성과정	9학점(3과목)	컴퓨터융합학부
로컬디자인 과정	9학점(3과목)	건축학과
수목진료분야 전문가 양성과정	12학점(4과목)	산림환경자원학과

다양한 다전공 제도를 살펴보았습니다. '2전공'은 보편화되었고, '3전공'도 가능한 시대가 되었습니다. 한 예로 사학이 주전공, 국제개발협력(연계전공)이 복수전공, 경제학이 부전공인 3전공 사례가

있답니다. 다전공을 하면서 오히려 주전공의 매력을 느껴 지금은 대학원(석사과정)에서 동양사를 공부하고 있는데, 앞으로 어떤 진로로 나아가게 될까요? 교육학과 학생들은 대부분 국어, 영어, 사회, 윤리 등 교직 복수전공을 하지만, 한 학생은 건설안전관리자가 되기 위하여 환경공학을 복수전공하여 졸업 후 관련 직종으로 취업하였습니다. 이른바 '문과'와 '이과'를 넘나드는 다전공도 가능하네요? 미래는 스스로 만드는 것!

다전공제도 계획 구상하기

다전공제도 중에 관심 있는 것은 무엇인가요?
복수 · 부전공, 학생설계전공, 마이크로디그리 등을 계획해 보세요.

복수전공	
부전공	
학생설계전공	
마이크로디그리	
그 외	

4. 대학의 교육과정, 어떻게 구성되나요

'무엇을 가르치는가'에 대한 것이 **교육과정**(curriculum)이며, 교수자에게는 '교육내용'을, 학습자에게는 '학습경험'을 의미합니다.[9] 대학에서 '무엇을 전공한다.'라고 할 때, 전공 과목 외에도 교양 과목을 들으며, 정규 과목 외의 시간에도 학습이 일어납니다. 교육과 교육과정의 범위는 생각보다 넓답니다.

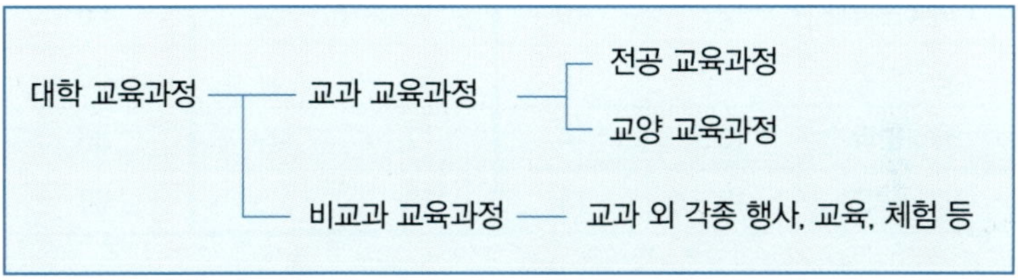

대학의 교육과정은 크게 '교과 교육과정'과 '비교과 교육과정'으로 구분됩니다. **교과 교육과정**은 학점이 부여되는 정규 수업, **비교과 교육과정**은 정규 수업 외 교육활동을 의미합니다. 수업을 충실하게 이수하는 것도 중요하고, 수업 외에 대학 및 학과에서 제공하는 다양한 프로그램과 개인적으로 선택하는 프로그램 모두 중요합니다.

교과 교육과정은 '전공 교육과정'과 '교양 교육과정'으로 구분되는데, 전공 과목의 이수학점이 많고, 고학년이 될수록 그 비중도 높아집니다. 주전공 외의 전공 과목을 듣거나 전공과 교양 이수학점을 초과하면 '**일반선택**'으로 분류합니다. 교사 자격을 받기 위한 '교직'도 있습니다. 학과에 따라 특정 과목, 현장실습, 교육실습, 사회봉사 학점이 필수로 요구되는 경우가 있으니 확인해야 합니다.

중앙대학교의 전공 교육과정을 소개합니다.[10] 전공은 기초, 필수, 선택으로 구성됩니다. 나머지는 교양과 일반선택으로 수강하게 됩니다. 이것은 단수전공인 경우에 해당하고, 복수전공과 부전공을 할 경우에는 조정됩니다. 충남대학교의 경우에 전공이 기초, 핵심, 심화로 구분되고, 필수가 거의 없이 선택으로 운영됩니다. 대학과 학과에 따라 이수 규정에 차이가 있으니 확인하기 바랍니다.

〈중앙대학교 전공 교육과정 예시〉

학과	졸업학점	전공기초	전공필수	전공선택	(전필+전선)계
국어국문학과	132	10	12	54	66
심리학과	132	10	9	57	66
물리학과	132	14	17	49	66
기계공학부	132	14	18	48	66

전공 교육과정의 편성과 운영은 학과별로 이루어지고 있는데, 대체로 전공 지식의 위계를 반영하여 구성됩니다. 저학년에 전공 입문과 기초 성격의 과목이, 고학년에 전공심화와 응용 성격의 과목이 편성됩니다. 전공 과목은 2학년부터 많은 비중으로 이수하게 되며, 복수전공 또는 부전공은 2학년 2학기부터 진입하는 경우가 많습니다. 전공 역량을 체계적으로 충실하게 기르는 것은 매우 중요합니다. 다전공을 하는 경우에도 전공 학습에 대한 태도는 동일합니다.

다음은 교육학과의 전공 과목입니다.[11] 핵심적인 세부 전공과 주제는 비슷하지만 대학별로 차이가 있는 것을 확인할 수 있습니다. 학과 교수의 전공과도 관련이 있고, 최근 사회적 요구를 반영하여 교육과정 개편이 이루어지고 있습니다. 학문의 위계가 강한 전공은 선수과목 이수와 순차적인 과목 이수를 요구하기도 합니다. 그리고 교육과정 편성(편성 과목)과 실제 개설(개설 과목)은 차이가 있는데, 매 학기 개설된 과목에서 수강 과목을 선택하게 됩니다.

〈교육학과 전공 과목 예시〉

대학	전공 과목(일부)
서울대학교 교육학과	교육학개론, 교육사(이상 필수), 교육심리, 상담과 생활지도, 질적 교육연구, 교육과정의 이해, 비교교육학, 교육연구를 위한 통계방법, 창의성과 재능계발교육, 교육조직과 성장, 교육평가, 교육사회학, 학교와 학급경영, 수업설계와 교육공학, 교육행정의 이해, 인공지능기반교육, 교육과 창업, 인적자원개발론, 교육과 사회정의, 교육연구방법 등
연세대학교 교육학과	미래를 위한 교육학(필수), 교육경제학개론, 교육지도성, 교육철학, 교육학고전강독, 교육행정입문, 교육경제학개론, 교육과정의 원리, 교육기초통계방법, 교육사회학, 교육심리학, 교육과정개발, 인적자원개발론, 교육과 경영, 고등교육론, 교수방법론, 교수학습이론, 교육경제학, 교육과 일의 세계, 교육사상사, 비교교육학, 수업장학론, 원격교육활용론, 한국교육사, 평생교육론, 교육정책, 인간발달과 교육, 교육평가론, 교육의 인류학적 탐구, 교육과정개발, 교육연구방법론, 교육행정문제세미나, 교육프로그램개발, 국제이해교육, 다문화사회의 교육, 학습과학, 고등교육과 인재개발, 인력개발인턴십 등
이화여자 대학교 교육학과	교육의 심리적 기초, 학교와 사회, 교육평가의 적용과 탐구, 교육행정의 쟁점, 교육철학탐구, 평생교육론, 교육과정탐구(이상 필수), 한국근현대교육발전사, 서양교육사상과 학교문화 탐구, 학교교육과정개혁, 교육프로그램 개발과 평가, 교사와 교원정책, 학교상담의 실제, 교수학습이론, 교육과 문화, 교육철학탐구, 평생교육론, 교육의 국제화, 교육통계, 현대교육철학과 인간 이해, 인간자원개발론, 다문화이해교육, 고등교육정책의 쟁점, 비교교육, 글로벌교육리더십, 교수학습사회학, 성인학습 및 상담론, 교육연구, 여성교육론, 교육인턴십, 해외교육인턴십 등

충남대학교 교육학과	교육학강독, 한국교육사, 교육철학, 학교상담과 생활지도, 교사론, 교육통계, 교육사회학의 이론과 실제, 교육심리학의 이론과 실제, 교육과정의 이해와 실천, 교육공학의 이론과 실제, 평생교육론, 교육행정학, 교육평가의 이론과 실제, 다문화교육의 이론과 실제, 현대교육사조, 인권과 세계시민교육, 성격이론과 학교상담, 학습심리, 교육방법의 이해와 실제, 서양교육사, 미래교육과 리더십, 심리검사, 도덕교육론, 진로상담의 이론과 실제, 교육과정 개발, 고등교육론, 비교교육학, 교육연구법, 교육정책, 학습동기이론, 교육문제-캡스톤디자인, 진로교육-캡스톤디자인, 세계시민교육의 이해, 교육경영의 이론과 실제, 평생교육방법론, 교육경제론, 교육과 인간발달 등

교양교육은 모든 학생이 수강하는 기초 공통과정으로 시민과 전문 직업인에게 필요한 기초소양, 기술, 지식 그리고 평생학습을 위한 기반을 제공합니다. 교양교육에 대한 접근과 정의는 다양한데, 여기에서는 한국대학교육협의회 부설 한국교양기초교육원에서 제시한 정의를 소개합니다.[12]

> 교양기초교육이란 대학 교육과 평생교육 전반에 요구되는 지식의 습득 및 자율적 학문 탐구 능력의 함양을 포함하여, 인간, 사회, 자연, 예술에 대한 종합적 이해를 바탕으로 세계관과 가치관을 스스로 확립하는 데 기여하는 교육으로, 학업 분야의 다양한 전문성을 넘어서서 모든 학생에게 요구되는 보편적·통합적 자유교육이다. 또한 교양기초교육은 초연결·초지능 사회, 다양한 위기의 지속이라는 새로운 시대상을 맞아 객관적 사실 인식을 토대로 하는 비판적·창의적 사고와 합리적 의사소통을 통해 민주주의 공동체의 문화적 삶을 주도할 수 있는 자질을 함양하는 교육이다.

교양교육의 영역과 교육과정은 다음과 같이 표준모델이 제시되고 있습니다.[13]

〈교양교육 표준 모델〉

영역	목적	교육과정
자유학예교육	인간, 사회, 자연에 대한 학문적 탐구 성과를 두루 습득함으로써 인간의 현실적인 삶의 지반과 여건, 그리고 이를 토대로 구현하고자 하는 이상적인 세계에 관한 총괄적인 지적 조망을 갖도록 함	• 인문학(문학 · 예술학, 역사학 · 철학 · 종교학) • 사회과학(정치학 · 경제학, 사회학 · 문화학 · 심리학) • 자연과학(수리과학 · 물질과학 · 생명과학)
기초문해교육	대학 교육 및 평생교육을 위해 필요한 사고 능력과 문해 능력 등 기초학업 능력을 함양함	• 의사소통 I: 국어 • 의사소통 II: 영어 등 외국어, 외국어로서의 한국어 • 사고: 논리적 사고, 비판적 사고, 창의적 사고 • 정보문해: 컴퓨팅적 사고, 데이터 문해, 디지털 문해 • 기초과학, 수학 및 양적추론
체험소양교육	미적 감수성으로 나타나는 정서적 자질과 공동체의 삶을 가능케 하는 인애(仁愛), 정의, 배려, 정직 등의 도덕성을 갖추게 함	• 사회적 체험 • 심미적 체험 등 • 신입생 세미나, 교시과목 등

교양교육은 학문 중심 또는 주제 중심으로 접근할 수 있는데, 주제별 분류는 다음과 같습니다.[14] 교양교육의 분류는 학문과 주제를 결합한 형태로 이루어질 수도 있습니다.

〈교양교육 분류 예시〉

구분	현실 전체의 지적 조망을 위한 분류	인간에 대한 성찰에서 세계에 대한 이해로 나아가는 분류
내용	① 자연 및 과학 ② 기술의 본성 및 성과 ③ 인간의 본성 및 조건 ④ 문화현상과 현대문명 ⑤ 사회적 현실 ⑥ 역사적 현실 ⑦ 인륜성 탐구와 도덕적 추론 ⑧ 종교적 가치 ⑨ 미적 가치	① 인간의 본성과 삶의 조건 ② 종교적 가치와 미적 가치 ③ 경제생활과 정치 공동체 ④ 사회 현실과 역사적 맥락 ⑤ 문화의 본질과 다원적 세계 ⑥ 자연현상과 과학적 탐구 ⑦ 과학기술의 발전과 현대문명

교양 교육과정의 편성과 운영은 대학마다 설정한 교양교육의 체계 안에서 이수, 선택할 수 있습니다. 교양 과목은 일반적으로 대학 저학년 시기(1~2학년)에 이수하도록 권장하고 있으며, 특히 교양필수 과목은 1학년에 수강할 수 있도록 학사지도가 이루어집니다. 학습, 진로, 글쓰기, 외국어, 디지털 기술 등 기초적인 학습을 바탕으로, 여러 분야에 대해 다양한 접근을 하도록 하는 것이 일반적입니다. 교양 과목은 다양한 학문 분야를 탐색할 기회를 제공함으로써, 전공 선택과 융합 역량 강화에 도움을 줄 수 있습니다.

단국대학교의 교양교육 운영 사례를 소개합니다.[15] 필수를 제외하면 대체로 교양의 영역을 구분하고 영역 내 과목 중에서 학생이 선택하도록 하고 있습니다.

1. 필수교양 예시

구분	교과목명	학점
자기주도	DK로드맵, 디자인마이스쿨	각각 1학점(2시간)
의사소통	대학글쓰기	3학점
문제해결	명저읽기	3학점
세계시민	대학영어 1, 대학영어 2	각각 2학점
전문지식	대학 SW · AI 입문	3학점
협력헌신	지역사회와 함께하는 서비스러닝	1학점
		총 16학점

2. 선택교양 예시

영역	교과목명	학점
SW/AI	단과대학별 SW · AI 필수 교과	3학점
인문사회	영역 내 교과목 중 택1	3학점
자연/공학/SDGs	영역 내 교과목 중 택1	3학점
예술/융합	영역 내 교과목 중 택1	3학점
		총 12학점

대학 교양교육의 목표는, ① 창의, 융합, 미래사회, 문제해결, ② 인격, 도덕, 리더십, ③ 기본, 소통능력, 핵심 역량, ④ 지성, 교양, 인문, 감수성, ⑤ 봉사, 공동체, 민주시민, 국가, ⑥ 국제화, 다문화, ⑦ 진로, 직업, 전문성 순으로 많이 언급되었습니다.[16] 과거에 비해 창의, 융합, 미래사회, 문제해결이 강조되고 있어, 실용적인 교양교육에 대한 요구가 높다는 점을 알 수 있습니다.

전공과 교양의 학점 구성을 살펴보면, 김선영 등(2023)의 연구[17]에서 졸업이수학점 평균은 129.42학점, 전공 65.48학점(50.63%), 교양 34.60학점(26.82%), 일반선택 29.34학점(22.61%)으로 조사되었습니다. 전공 계열별로 약간의 차이가 있는데, 자연계열과 공학계열이 전공 학점 비율이 약간 높게 나타났습니다. 여기서 **일반선택**은 이수해야 할 전공 및 교양 과목의 학점 외에 자유롭게 선택하는 과목을 가리킵니다. 교양 과목 중에서는 자유학예교육(37.1%), 체험소양/취창업/계열기초교육(32.72%), 기초문해교육(29.65%) 순으로 많이 이수하는 것으로 조사되었습니다.

〈대학 교육과정 학점 구성〉

계열	교양학점 (비율)	전공학점 (비율)	일반선택학점 (비율)	졸업이수학점 (비율)
인문	33.78 (26.33%)	63.94 (49.77%)	30.80 (23.90%)	128.53 (100%)
사회	34.42 (26.85%)	64.03 (49.86%)	29.99 (23.29%)	128.45 (100%)
자연	34.84 (27.24%)	65.94 (51.26%)	28.86 (22.22%)	129.65 (100%)
공학	35.56 (27.24%)	68.96 (52.70%)	26.27 (20.06%)	130.79 (100%)
전체	34.60 (26.82%)	65.48 (50.63%)	29.34 (22.61%)	129.42 (100%)

졸업에 필요한 학점은 평균 130학점입니다. 학기당 15~20학점 정도를 이수하고 논문, 자격증, 졸업시험 등 학과가 요구하는 졸업 요건을 갖추면 졸업할 수 있습니다. 4년, 8학기를 이수하면 졸업하는데, 7학기 만에 조기졸업할 수도 있고, 한두 학기를 더 다닐 수도 있습니다. 졸업을 유예하고 학교에 적(籍)을 두면서 취업 준비를 하는 경우도 있습니다. 각자의 상황에 따라 유리하거나 효과적인 방법을 선택할 수 있으니 참고하고, 필요하다면 주위의 조언도 구해 보세요. 이 밖에도 대학에서 경험할 수 있는 교과 외 다양한 **비교과 교육과정**은 제2장과 제8장에서 소개합니다.

5. 대학 전공을 이수하면 어떻게 되나요

대학 전공을 이수하고 소정의 졸업 자격을 취득하면 **학위**(degree)를 받게 됩니다. 기본적으로 학부를 졸업하면 **학사**, 대학원을 졸업하면 **석사**, **박사** 등의 학위를 취득합니다. 2~3년제 전문대학을 졸업하면 **전문학사**를 취득하는데, 전문대학의 전공심화과정(간호학 등)을 졸업하면 학사를 취득합니다. 최근에는 전문대학에 전문기술석사과정을 설치하는 등 환경 변화와 수요를 반영한 학위 과정이 나타나고 있습니다.

구분	의미	예시
전문학사	2~3년제 전문대학 졸업	가정전문학사, 경영전문학사, 공업전문학사, 관광전문학사, 군사전문학사, 농업전문학사, 산업예술전문학사, 생명산업전문학사, 언어전문학사, 예술전문학사, 이료전문학사, 체육전문학사, 행정전문학사 등
학사	4~6년제 일반대학 졸업	가정학사, 간호학사, 경영학사, 경제학사, 공학사, 관광학사, 광고학사, 군사학사, 농학사, 무용학사, 문학사, 문헌정보학사, 미술학사, 미용학사, 법학사, 보건학사, 세무학사, 수사학사, 신학사, 예술학사, 음악학사, 이학사, 지식재산학사, 체육학사, 패션학사, 해양학사, 행정학사 등
석사	학사 취득 후 대학원 졸업	문학석사, 사회과학석사, 이학석사, 공학석사, 미술학석사, 음악학석사, 법학석사, 경영학석사, 교육학석사, 보건학석사, 의학석사, 치의학석사, 약학석사, 수의학석사, 건축학석사 등
박사	석사 취득 후 대학원 졸업	상동(박사)

참고로, 학사와 석사를 연계하여 이수하는 **학 · 석사 연계과정**, 대학원에서 석사와 박사를 통합하여 이수하는 **석 · 박사 통합과정**도 있습니다. 통상 학사 4년, 석사 2년이 걸린다면 학 · 석사 연계과정은 5년부터 가능하여 시간이 단축되고 밀도 있게 공부할 수 있답니다. 학 · 석사 연계과정은 대부분 2학년 2학기와 3학년 1학기에 지원이 가능합니다. 대학에서 장학금 지원도 많으니 찾아보기 바랍니다. 특히 대학원생 장학지원사업인 BK21 사업을 하고 있는 학과라면 장학금 혜택을 많이 받을 수 있습니다. 충남대학교 교육학과는 '세계시민교육 미래인재양성' 사업단을 하고 있는데, 전일제 대학원생에게 석사과정 월 100만 원, 박사과정 월 160만 원의 장학금을 지급하고 있답니다. 자연계열과 공학계열 전공은 대부분 실험실에 소속되어 연구하고 장학급을 받습니다.

대학원에 대해서도 잠깐 살펴볼까요? **대학원**은 일반대학원, 특수대학원, 전문대학원이 있습니다. 일반대학원과 전문대학원은 석사와 박사 학위를, 특수대학원은 석사학위를 운영하고, 일반대학원은 학술학위, 전문대학원과 특수대학원은 전문학위를 수여합니다. 특수대학원은 경영대학원, 교육대학원, 산업대학원 등 재직자의 재교육을 중심으로 하는 곳이며, 논문 졸업과 무논문 졸업 모두 가능합니다. 앞서 소개한 학 · 석사 연계와 BK21 장학금 지원은 일반대학원에서 가능하다는 점을 참고하세요.

학위를 취득하는 방법은 대학 재학과 졸업 외에도 있습니다. 1998년부터 도입된 '**학점은행제**'라는 제도가 있는데, 대학, 평생교육시설, 원격대학 등에서 필요한 학점을 이수하고 교육부장관 또는 대학의 장을 통해 학위를 취득할 수 있습니다.[18] 학점을 받을 수 있는 원천은 평가인정학습과정, 학점인정 대상학교, 시간제등록, 자격, 독학학위제, 국가무형유산 등이며, 궁금한 것은 **국가평생교육진흥원** 학점은행제 홈페이지를 참고하세요.

6. 대학 전공에는 무엇이 있나요

대학의 전공은 각각 전공계열에 속하는데, 여기에서는 한국교육개발원에서 분류한 전공계열을 기준으로 각 전공과 학과를 소개하고자 합니다. 인문, 사회, 자연, 공학, 의약, 교육, 예체능으로 분류하는 전공계열의 간단한 개요는 다음과 같습니다.[19]

인문계열

인문계열은 모든 학문의 근본이 되는 인문학을 교육하고 연구함을 목표로 한다. 인문학은 라틴어의 '후마니타스(humanitas)'라는 말에서 유래되었으며, 이는 인간과 인간의 문화에 관심을 갖거나 인간의 가치와 인간만이 지닌 자기표현능력을 바르게 이해하기 위한 과학적인 연구 방법에 관심을 갖는 학문 분야로서, 단순히 전문 지식을 연구하는 데 그치지 않고 '삶'과 '앎' 그리고 '함'에 대한 보편적 진리와 가치를 함양하고 전수하는 기초학문에 속한다. 이러한 까닭에 인문대학은 인문학과 관련된 전문적인 교과 이외에도 교양 과목을 담당하고 있다. 전통적으로 '文(문) · 史(사) · 哲(철)'을 아울렀던 인문학은 현재 어학, 문학, 역사학, 철학 등으로 구성되며, 오늘날 인문대학의 학과편제도 그러한 분류에 입각해 있다.

사회계열

사회계열은 사회의 여러 현상을 과학적 · 체계적으로 연구하는 모든 경험과학에 그 바탕을 두며, 사회학, 정치학, 경제학, 법학 등과 같이 인간 생활의 다양한 측면과 관련된 기초 학문을 교육 및 연구함으로써 인간사회의 문제를 진단하고 처방하는 기본적 소양을 육성하는 데 목표를 두고 있다. 개인 혹은 국가의 지속적인 발전은 과학기술의 개선뿐만 아니라 사회변화를 분석하고 그 대안을 제시하는 사회과학의 진보가 뒷받침되어야 이루어질 수 있다. 이러한 점으로 볼 때 역동적인 사회 환경에 대처할 수 있는 전문인 양성에 그 초점을 둔 사회계열은 현대 사회 발전에 중요한 의미를 두고 있는 학문계열 중 하나라 할 수 있다.

자연계열

자연계열은 자연현상의 기본적인 원리를 탐구하고 새로운 자연법칙을 개발하는 기초과학인 자연과학에 바탕을 두고 있으며, 자연과학은 우주와 물질의 기원부터 생명 현상까지 다양한 물질세계의 원리를 과학적 방법으로 탐구하는 학문이라고 볼 수 있다. 자연과학은 크게 물리학, 화학, 생물학, 천문학, 지학 등으로 그 고유영역이 구분되고 있으며, 자연계열은 바로 자연과학의 이러한 고유영역을 교육, 연구함으로써 21세기 무한지식경쟁 시대에 국가경쟁력의 원천이 되는 신지식 창출의 주도적 역할을 할 우수한 기초과학 연구 인력의 양성과 기초과학 발전의 중추적 기능을 수행하는 데 그 목표를 두고 있다.

공학계열

공학계열은 공업생산기술을 자연과학적 방법과 성과에 따라서 개발 및 실천하는 응용과학계열로서, 자연과학이 자연 자체를 대상으로 자연의 법칙을 탐구하는 학문이라면 공학은 주로 기계 · 장치 또는 가공된 재료 등 인위적인 자연을 대상으로 하고, 역시 자연의 법칙을 탐구하지만 실제로 무엇인가를 생산하는 실천행동에 그 초점을 맞춘다. 공학계열은 공학의 기초이론과 함께 각 전문 분야별 이론과 관련된 과학적 지식을 습득하고, 실험 및 실습의 병행을 통해 창의력, 응용력 등과 같은 고등정신능력을 길러 정확한 판단력과 실천력을 구비한 과학기술 분야의 지도적 인재 육성과 고급 과학기술 두뇌의 양성에 목표를 두고 있다.

의약계열

의약계열은 인체에 관한 연구와 질병의 예방 및 치료를 연구하는 의학과 사람 또는 동물의 질병을 예방 · 치료하는 데 사용되는 의약품에 관한 기초 및 응용과학을 다루는 학문으로 정의되는 약학 등을 포함한다. 의학과 약학은 질병의 예방과 치료라는 공통의 목표와 목적을 지니고 있는 만큼 상호 의존적인 관계에 있으며 확연하게 구분되기 힘든 관계를 지닌다고 할 수 있겠다. 즉, 약의 본질 및 약물요법에 통달함이 없이 완전한 의료가 성립될 수 없고, 또 질병의 본질 및 병태(病態)에 대한 이해 없이 완전한 약학이 성립될 수 없기 때문이다. 따라서 의학계열에서는 국가와 사회에 봉사하는 기본 보건의료를 수행하는 의사, 의학교육자, 의학연구자 및 간호사와 인류 질병의 예방, 진단과 치료를 위한 의약품 및 그와 관련된 의약품의 연구 개발, 생산, 조제 및 임상적용에 이르는 각 단계별 이론과 응용 능력을 습득한 약사를 양성함으로써 국민의료 향상 및 인류복지 증진에 이바지하는 것을 목표로 하고 있다.

교육계열

교육은 앞선 역사에서 축적된 모든 지식과 문화를 후세에게 전달하는 일이며, 인간의 무한한 가능성을 계발하여 새로운 지식과 문화를 창출하는 숭고한 일로 국가와 민족의 미래 운명을 결정하는 중대사이다. 교육계열은 이러한 중대사에 종사할 교사와 교육 지도자를 양성하고, 교육일반과 교과 교육원리의 교수 및 연구에 종사할 학자를 배출함을 목표로 하는 계열이다. 교육계열은 교육일반의 이론과 교육활동의 원리를 내용으로 하는 교직이론 영역, 각 교과의 지식과 원리를 내용으로 하는 교과 교육 영역 그리고 각 교과의 내용과 구성에 관한 교과내용 영역 등을 기초로 학과편제가 이루어지기도 한다.

예체능계열

예체능계열은 미적 작품을 형성시키는 인간의 창조 활동인 예술과 건강한 신체와 운동능력의 육성을 목표로 하는 활동인 체육 등을 포함한다. 인류의 문화는 예술이라는 미의 창작과 표현 수단을 통해 시공을 초월해서 전래되고 발전해 왔으며, 바로 이 점에 예술의 가치가 있다고 볼 수 있다. 초기에는 예술의 소재가 음악과 미술 등에 국한되었으나 점차 음악, 미술, 무용, 연극, 영화 및 영상, 가요 및 대중연예, 전통 민속놀이 등으로 그 범위가 확대되었다. 체육은 보통 학교체육과 사회체육 등의 두 영역으로 구분될 수 있는데, 학교체육은 교육과정으로 이루어지는 활동으로서 심신의 정상적인 발달의 촉진을 중시하고, 사회체육은 그 밖의 신체활동에 자발적 참가, 또는 비영리적 동기에서 사회적으로 원조 · 촉진하는 활동으로서 체력 · 건강의 유지와 자유시간의 활용에 중점을 두고 있다. 예체능계열은 하루가 다르게 첨단화 · 전문화되어 가고 있는 예술 환경의 변화에 대처할 수 있는 전문 예술인과 개인 건강의 유지와 증진뿐만 아니라 신체활동을 통한 만족감이나 집단 활동으로 인해 밝은 사회적 적응력을 키워 나가는 데 이바지할 수 있는 건전한 체육인을 양성하는 데 목표를 두고 있다.

일반대학 전공계열의 중계열과 소계열은 다음과 같습니다.[20]

대계열	중계열	소계열
인문계열	언어 · 문학	언어학, 국어 · 국문학, 일본어 · 문학, 중국어 · 문학, 기타 아시아어 · 문학, 영미어 · 문학, 독일어 · 문학, 러시아어 · 문학, 스페인어 · 문학, 프랑스어 · 문학, 기타 유럽어 · 문학, 교양어 · 문학
	인문과학	문헌정보학, 문화 · 민속 · 미술사학, 심리학, 역사 · 고고학, 종교학, 국제지역학, 철학 · 윤리학, 교양인문학
사회계열	경영 · 경제	경영학, 경제학, 광고 · 홍보학, 금융 · 회계 · 세무학, 무역 · 유통, 교양경상학
	법률	법학
	사회과학	가족 · 사회 · 복지학, 국제학, 도시 · 지역학, 사회학, 언론 · 방송 · 매체학, 정치외교학, 행정학, 교양사회과학
자연계열	농림 · 수산	농업학, 수산학, 산림 · 원예학
	생물 · 화학 · 환경	생명과학, 생물학, 동물 · 수의학, 자원학, 화학, 환경학
	생활과학	가정관리학, 식품영양학, 의류 · 의상학, 교양생활과학
	수학 · 물리 · 천문 · 지리	수학, 통계학, 물리 · 과학, 천문 · 기상학, 지구 · 지리학, 교양자연과학
공학계열	건축	건축 · 설비공학, 건축학, 조경학,
	토목 · 도시	토목공학, 도시공학
	교통 · 운송	지상교통공학, 항공학, 해양공학
	기계 · 금속	기계공학, 금속공학, 자동차공학
	전기 · 전자	전기공학, 전자공학, 제어계측공학
	소재 · 재료	반도체 · 세라믹공학, 섬유공학, 신소재공학, 재료공학
	정밀 · 에너지	광학공학, 에너지공학

	컴퓨터 · 통신	전산학 · 컴퓨터공학, 응용소프트웨어공학, 정보 · 통신공학
	산업	산업공학
	화공	화학공학
	기타	기전공학, 응용공학, 교양공학
의약계열	의료	의학, 치의학, 한의학
	간호	간호학
	약학	약학
	치료 · 보건	보건학, 재활학, 의료공학
교육계열	교육일반	교육학
	유아교육	유아교육학
	특수교육	특수교육학
	초등교육	초등교육학
	중등교육	언어교육, 인문교육, 사회교육, 공학교육, 자연계교육, 예체능교육
예체능계열	디자인	디자인일반, 산업디자인, 시각디자인, 패션디자인, 기타 디자인
	응용예술	공예, 사진 · 만화, 영상 · 예술
	무용 · 체육	무용, 체육
	미술 · 조형	순수미술, 응용미술, 조형
	연극 · 영화	연극 · 영화
	음악	음악학, 국악, 기악, 성악, 작곡, 기타 음악

한편 전문대학의 전공계열은 다음과 같습니다. [21]

대계열	중계열	소계열
인문계열	언어 · 문학	영어, 일본어, 중국어, 유럽 · 기타어, 교양어, 문예창작
	인문과학	문헌정보, 문화, 인문일반
사회계열	경영 · 경제	경영 · 경제, 관광, 금융 · 회계 · 세무, 무역유통
	법률	법
	사회과학	가족 · 사회 · 복지, 비서, 언론방송, 행정
자연계열	농림 · 수산	농수산, 원예
	생물 · 화학 · 환경	생물, 자원, 환경
	생활과학	가정관리, 식품 · 조리, 의류 · 의상
	수리 · 물리 · 천문 · 지리	지적
공학계열	건축	건축, 건축 · 설비, 조경
	교통 · 운송	지상교통, 항공, 해양
	기계 · 금속	금속, 기계, 자동차
	산업	산업공학
	소재 · 재료	반도체 · 세라믹, 섬유, 신소재, 재료
	전기 · 전자	전기, 전자, 제어계측
	정밀 · 에너지	광학 · 에너지
	컴퓨터 · 통신	응용소프트웨어, 전산 · 컴퓨터, 정보 · 통신
	토목 · 도시	건설, 토목
	화공	화학공학
의약계열	간호	간호
	치료 · 보건	보건, 의료장비, 의무행정, 재활
교육계열	교육일반	사회 · 자연교육
	유아교육	유아교육
	특수교육	특수교육

예체능계열	디자인	산업디자인, 시각디자인, 패션디자인
	무용 · 체육	무용 · 체육
	미술 · 조형	미술 · 조형
	연극 · 영화	연극 · 영화
	음악	음악 · 음향
	응용예술	공예, 뷰티아트, 사진 · 만화, 영상 · 예술

대학과 전문대학 등 고등교육기관의 유형은 다음과 같습니다.

〈전국의 대학 현황〉 (2024년 4월 기준)

학제	학교 수	학과 수	재적학생 수			입학정원
			전체	남자	여자	
대학	189	12,590	1,836,625	1,044,047	792,578	306,224
교육대학	10	140	14,573	5,078	9,495	3,583
산업대학	2	266	13,313	7,366	5,947	2,126
전문대학	131	6,726	492,042	258,489	233,553	136,669
방송통신대학	1	36	122,088	43,436	78,652	54,240
사이버대학	20	445	146,218	61,880	84,338	32,765
기타*	25	453	40,058	26,562	13,496	14,362
계	378	20,656	2,664,917	1,446,858	1,218,059	549,969

*기타: 기술대학. 각종학교, 전공대학, 원격대학, 사내대학, 기능대학
출처: 한국교육개발원 교육통계서비스(hrtps://kess,kedi.re.kr).

전공은 오랫동안 유지되어 온 것도 있지만 새롭게 출현하는 것도 있으며, 학과는 매우 빠르게 변동되고 있습니다. 각 전공계열의 전공과 학과에 대한 소개는 제3장부터 제7장에서 확인할 수 있습니다.

◇ 나의 전공 이야기 1

경영학도가 교육학을 공부한 이유

이형규 (충남대학교 졸업)

대학에서 경영학과 교육학을 전공하였습니다. 경영학과로 입학하여 교육학을 복수전공하였는데, 당시에는 경영학과에서 교육학과를 복수전공하는 학생은 거의 없었던 것으로 기억합니다. 주변 사례를 따라서 선택한 결정은 아니었고, 스스로 몇 가지 고민을 한 후에 내린 결정이었습니다. 당시 교육학과 복수전공을 선택했던 과정과 대학을 졸업한 후 요즘 생각하는 대학 전공의 의미에 대해 이야기를 나누고자 합니다.

경영학과 입학 당시 부끄럽게도 경영학에 대한 이해가 전혀 없었습니다. 조금 더 솔직히는 경영학과와 경제학과와의 차이도 잘 몰랐고, 경영학과에서 재무관리와 재무회계라는 과목을 중점적으로 공부한다는 것도 대학에 와서야 알았습니다. 그러던 중 2학년 때 우연히 교육학개론 수업을 교양 과목으로 수강하게 되었고, 교육학의 세부 과목인 교육평가에 관심을 가지게 되었습니다. 이후 더 깊은 공부를 하고 싶다는 생각에 교육학과 복수전공을 신청하였습니다. 요즘은 고등학교 교육과정도 바뀌었고, 유튜브를 포함한 여러 매체에서 대학 전공에 대해 폭넓은 정보를 접할 기회가 늘어 예전보다는 상황이 낫겠지만, 대학에 입학하고 난 후 고등학생 때 생각했던 대학 전공과 괴리감을 느끼는 경우가 여전히 많을 것입니다.

대학에 입학하면 교양 수업, 동아리, 대외활동 등에서 다양한 전공을 가진 친구들을 만나게 됩니다. 또한 학교를 다니면서 우리 대학의 교육과정이 어떻게 구성되어 있는지, 각 학과에서는 무엇을 배우는지, 각 학과의 교수님이 어떤 주제에 관심을 가지고 계시는지 대학 입학 전보다 비교적 다양한 정보를 접할 기회가 많습니다. 그렇게 풍부한 정보를 가진 상태에서 결정하는 전공 선택은 대학에 입학하기 전에 했던 전공 선택보다 실패할 가능성이 적을 것입니다. 복수전공 제도의 경우, 전과 제도와는 달리 두 전공을 모두 유지할 수 있다는 장점이 있습니다. 복수전공을 한다고 해서 이수해야 하는 학점이 두 배로 늘어나는 것도 아닙니다. 대학을 입학한 후에 새롭게 공부해 보고 싶은 학과가 생겼다면 복수전공을 고려해 볼 것을 추천합니다.

대학의 의미가 많이 축소되고 있는 것 같지만, 저는 대학에서 공부했던 시간과 경험이 그 이후의 삶에 큰 도움이 되고 있습니다. 교육학(인문계열)과 경영학(상경계열)을 복수전공한 것은 잘했다고 생각합니다. 인문계열 학과 수업에서 공통적으로 지향하는 바는 합리적이고 비판적인 사고 능력의 함양이라고 봅니다. 그렇기 때문에 수업에서 다루는 대상도 사회적 · 역사적 · 교육적 의미를 지닌 사건들이 많습니다. 동시에 평가 방식도 주로 서술형으로 이루어집니다. 반면에 상경계열 수업에서는 제한(가정)된 상황하의 수식들과 계산이 주된 내용이 되다 보니 평가 방식도 단답형으로 이루어질 때가 많습니다.

이렇게 성격이 다른 두 전공을 공부하고 사회에 나와 보니, 수치를 계산하고 현상을 구체화해야 하는 업무를 할 때는 상경계열 공부가 도움이 되고, 기안문이나 시행문처럼 탄탄한 논리를 갖춘 글의 작성이 필요할 때에는 인문계열 공부가 도움이 됩니다. 졸업 후 기업은행을 거쳐 카카오에 입사했고, 지금은 새로운 도전을 준비 중에 있습니다. 분명한 것은 대학에서 상당한 거리를 가진 두 전공을 선택했던 것이 제 삶과 진로를 풍부하게 해 주었다는 점입니다. 그리고 앞으로 어떤 미래를 만들어 갈지 기대됩니다.

◇ 나의 전공 이야기 2

'흥미롭고 알고 싶은 것'을 전공으로

한예진 (이화여자대학교 졸업)

대학에서 역사학과와 정치외교학을 공부하였습니다. 저는 '좋아하는 것'을 따라 선택을 이어 왔습니다. 전공을 택할 때 누구나 '해야 하는 것'과 '하고 싶은 것' 사이에서 고민하지만, 저는 망설임 없이 역사학을 선택했습니다. 학창 시절, 다양한 삶과 이야기를 보여 주는 역사 수업 시간만큼 가슴이 뛰는 순간이 없었기 때문입니다.

대학에서의 역사 공부는 사회를 바라보는 안경이 되어 주었습니다. 단순히 'A=B'라는 명제를 외우는 대신, 그 명제를 비판적으로 검토하고 재구성하는 훈련을 거듭했습니다. 그중에서도 〈동아시아의 역사와 문화〉 수업에서 대만인, 재일조선인, 화교 등 한 국가의 역사만으로는 설명할 수 없는 경계인의 역사를 다루며, 기존 일국사 서술이 설명하지 못하는 사회 구조의 단면을 이해하게 되었습니다. 이를 통해 역사는 과거의 기록을 넘어, 오늘날 사회 시스템의 형성과 불평등의 기원을 분석하는 도구임을 확인했습니다. 이러한 문제의식은 제도와 권력의 작동 원리를 구조적으로 탐구하는 정치외교학 복수전공으로 이어졌습니다.

냉전기와 디아스포라의 역사에 대한 관심은 독일 베를린 교환학생 경험으로 확장되었습니다. 냉전의 흔적 위에 다양한 이민자가 거주하는 국제적인 도시에서 〈Global Inequality〉와 〈Writing About and Living Through Climate Change〉를 수강하며, 불평등과 기후위기에 관한 담론을 분석하는 시간을 가졌습니다. 역사학과 정치외교학을 공부하며 불평등의 기원과 구조를 살펴왔다면, 교환학생 경험은 그 관심을 새로운 영역으로 확장시켰습니다. 제가 가진 문제의식을 비즈니스와 결합해 사회 변화를 만들어 내는 'Social Impact'라는 분야가 있다는 것이었습니다. 과거를 이해하는 공부가 미래를 설계하는 시선과 연결되는 순간이었습니다.

귀국 후, 비영리사단법인 루트임팩트에서 1년간 근무하며 사회 · 환경 문제를 해결하는 조직들의 전략과 사회적 가치 창출을 지원했습니다. 이 경험을 통해 학문적 분석을 직접적인 임팩트로 전환해 볼 수 있었고, 제 관심을 기후위기와 ESG 분야로 좁히는 결정적 계기가 되었습니다. 졸업 후에는 주한네덜란드대사관 경제부에서 근무하며 기후 · 에너지 정책 리서치와 한국과 네덜란드 기업의 국제협력 지원을 맡았습니다. 한국의 해상풍력 정책과 유럽의 에너지 전환 사례를 분석하고, 양국의 정부 · 기업 관계자를 연결하는 행사를 기획하며 국제 환경 정책과 시장 변화를 현장에서 관찰할 수 있었습니다. 이를 통해 기후변화 대응에서 국가 및 기업 간 협력이 필수적이라는 배움을 얻었습니다.

이제 저는 스웨덴 룬드대학교의 Climate Change and Society 석사과정에서 기후변화의 사회 · 정치적 메커니즘을 심층적으로 배우려 합니다. 역사와 정치에서 출발한 문제의식을 기반으로 지속 가능한 사회를 만들어 가려고 합니다. 전공 선택은 때로 불확실하고 두렵지만, 자신이 좋아하고 궁금한 것을 따라가다 보면, 각기 다른 경험들이 결국 하나로 연결되어 새로운 가능성을 열어 줄 것이라 믿습니다. 그렇게 이어진 경험들은 스스로도 예상하지 못했던 방향으로 자신의 미래를 넓혀 주기도 합니다.

전공을 선택할 때, 결과를 미리 정하려 하지 말고 지금 가장 흥미롭고 알고 싶은 주제를 깊이 탐구해 보길 권합니다. 그 선택이 훗날 예상치 못한 기회와 연결될 수 있습니다.

제2장

대학 전공 탐색하기

전공 탐색은 '정보를 찾는 순간'부터 시작됩니다. 전공에 대한 호기심으로
무언가를 찾아보고 있다면 이미 전공 탐색의 첫걸음을 내디딘 셈입니다.
어떻게 정보를 찾고 정리하는가에 따라 더 나은 선택이 가능해집니다.
정보를 검색하고 활용하는 방법과 구체적인 전공 탐색의 과정을 안내합니다.

1. 정보 검색하기

공공 자료 활용하기

학과/진로에 대한 정보는 커리어넷(한국직업능력연구원), 고용24(한국고용정보원) 등에서 찾아볼 수 있습니다.

첫째, **커리어넷**(www.career.go.kr)을 접속하면 다양한 학과(전공) 정보를 확인할 수 있습니다. 먼저, 공식 홈페이지에 접속한 후 '학과정보' 카테고리를 찾습니다. 해당 메뉴에서 '전공계열'을 선택하면 관련 학과(전공) 목록이 생성되며, 관심 있는 전공을 클릭하면 전공 소개, 진로 · 취업 전망, 관련 자격증, 졸업생 취업 현황 등 최신 정보를 확인할 수 있습니다. 이를 통해 전공 선택에 대한 보다 구체적인 정보를 얻을 수 있습니다.

둘째, 고용24(www.work24.go.kr)도 전공 선택에 유용한 정보를 제공합니다. 공식 홈페이지에 접속한 후, '취업지원/취업가이드' 메뉴에서 '학과정보'를 선택하면 학과(전공) 목록을 확인할 수 있습니다. 관심 있는 전공을 클릭하면 전공 소개, 취득 가능한 자격 및 면허, 진출가능 직업 등 실용적인 정보를 얻을 수 있을 수 있어 전공 선택에 도움이 됩니다.

셋째, 각 대학의 공식 홈페이지에 접속하면 '대학/대학원' 또는 유사한 카테고리를 찾을 수 있습니다. 이를 클릭하면 단과대학별 학과(전공) 정보를 확인할 수 있습니다. 관심 있는 학과(전공)가 있다면 해당 학과 홈페이지를 정기적으로 방문하여 최신 정보를 확인하는 것이 중요합니다. 학과는 홈페이지를 통해 교과목 소개, 진로 방향, 졸업생 취업 현황, 산업계 동향, 관련 자격증 정보 등, 전공 관련 정보를 신입생들에게 제공하고 있습니다. 따라서 관심 있는 전공이 생기면 학과 홈페이지를 적극적으로 활용하는 것이 좋습니다.

이때 **학과 탐색 리포트**를 작성하면 전공에 대한 이해도를 높이는 데 큰 도움이 됩니다. 리포트에는 전공 과목의 특성, 모듈 구성, 연계전공, 마이크로전공 과정, 유관 비교과 프로그램, 주요 자격증 현황, 교수진의 연구 및 활동 이력, 졸업생 취업 현황 등을 정리하고, 정기적으로 업데이트하는 것이 좋습니다. 또한 가능하다면 관심 있는 전공 분야의 교수님과 직접 연락하여 전공에 대한 조언을 구하는 것도 좋은 방법입니다. 이를 통해 전공 선택 과정에서 깊이 있는 정보를 얻을 수 있으며, 향후 진로 계획을 더욱 체계적으로 세울 수 있습니다.

한양대학교 홈페이지 대학/학과 소개(https://www.hanyang.ac.kr/web/www/s_college_department-info).

학과 홈페이지 활용 방법

학과 홈페이지는 해당 전공을 깊이 이해하고 파악할 수 있는 핵심 정보들이 담겨 있습니다. 검색을 넘어 제대로 활용하면 많은 정보를 얻을 수 있으며, 전공 선택과 진로 설계에 실질적인 참고자료로 활용할 수 있습니다. 지금부터 대학에서 제공하는 학과 홈페이지를 중심으로 정보 찾는 방법을 소개하고자 합니다.

학과 교육 목표

각 대학의 학과는 기르고 싶은 인재상이 있습니다. 어떤 인재를 키우고자 하는가에 따라 전공역량, 교육과정, 비교과 활동, 진로지도 등의 방향이 결정됩니다. 학과의 인재상과 여러분의 가치관이 잘 맞는지를 살펴보는 일은, 전공을 선택하고 진로를 설계하는 데 중요한 출발점이 됩니다. 학과의 인재상을 살펴본 후 '나는 학과의 인재상에 얼마나 공감하는지, 나의 삶의 목표, 가치관과 비교했을 때 얼마나 잘 맞는지'를 점검해 보기 바랍니다.

학과명	구분	내용
	인재상	
	교육 목표	

교수진

학과의 교육 목표를 확인했다면, 다음 단계로 교수진의 정보를 살펴보는 것이 좋습니다. 교수님들의 전공 분야와 연구 이력을 살펴보면, 해당 전공의 학문적 성격과 지향점을 보다 구체적으로 이해할 수 있습니다. 결과적으로, 전공 선택 시 자신의 관심 분야를 명확하게 파악하고, 학문적 조언과 지도를 받을 수 있습니다. 다음 질문지를 활용하여 학과 홈페이지의 교수진 정보란을 탐색해 보기 바랍니다.

항목	탐색 내용	
이름	[ ] 교수님	
전공 분야	교수님의 세부 전공 분야를 적어 봅시다	
	전공 분야	
담당 과목	교수님이 강의하시는 과목명을 적어 봅시다	
	담당 과목	

<table>
<tr><td rowspan="2">연구 주제</td><td colspan="6">최신 연구 분야/대표 논문 제목을 적어 봅시다</td></tr>
<tr><td>대표 논문</td><td colspan="5"></td></tr>
<tr><td rowspan="2">참여 활동</td><td colspan="6">교수님이 현재 참여 중인 학회, 대외활동 등을 적어 봅시다</td></tr>
<tr><td>대외 활동</td><td colspan="5"></td></tr>
<tr><td rowspan="2">진로 분야</td><td colspan="6">교수님의 전공 분야와 내가 관심 있는 진로와의 관련성을 적어 봅시다</td></tr>
<tr><td>진로 분야</td><td colspan="5"></td></tr>
</table>

↓

전공 분야 핵심 키워드					

↓

<table>
<tr><td>교수님 전공/연구에서 관심 있는 주제</td><td colspan="3"></td></tr>
<tr><td>탐색 결과</td><td>이번 탐색을 통해 해당 전공에 대한 흥미와 학문적 관심이 생겼나요?</td><td>□ YES</td><td>□ NO</td></tr>
</table>

교육과정

학과에서 제공하는 교육과정 편람을 확인하는 것은 전공을 더욱 깊이 이해하는 데 중요한 과정입니다. 개설된 과목들을 살펴보면 전공의 학문적 특성과 학업 흐름을 파악할 수 있으며, 전공 선택에 있어 구체적인 판단을 내리는 데 도움이 될 수 있습니다. 교육과정 편람을 통해 정보를 수집하는 방법은 다음과 같습니다.

첫째, 학과 홈페이지에서 **교육과정표**를 내려받아 확인합니다. 이 자료에는 해당 학과에서 개설 중인 모든 교과목이 포함되어 있으며,

각 과목의 과목명, 이수 구분, 이수 학년, 개설 시기 등의 정보가 정리되어 있습니다. 때에 따라 교과목에 대한 요약/상세 설명도 함께 제공됩니다. 먼저, 전체 교과목 목록을 훑어보며 전공에서 다루는 주제의 폭을 파악한 후, 관심 있는 전공 과목을 선별해 해당 과목의 요약/상세 설명을 자세히 읽어 보도록 합니다. 이는 전공에서 다루어지는 학습범위를 파악하고 자신의 관심 분야를 구체화할 수 있는 장점이 있습니다. 교과과정 표를 참고하여 **관심 있는 교과목을 순위별로 정리**한 후 각 교과목에 대한 요약 설명을 적어 보도록 합시다.

순위	교과목명	교과목 개요/목적 요약
1		
2		
3		
4		
5		
6		

⬇

주요 키워드/주제					

⬇

실제 수강한다면 어떤 과목부터 도전하고 싶은가요?	

⬇

위 과목들과 연결되는 진로 분야는 무엇이 있을까요?	

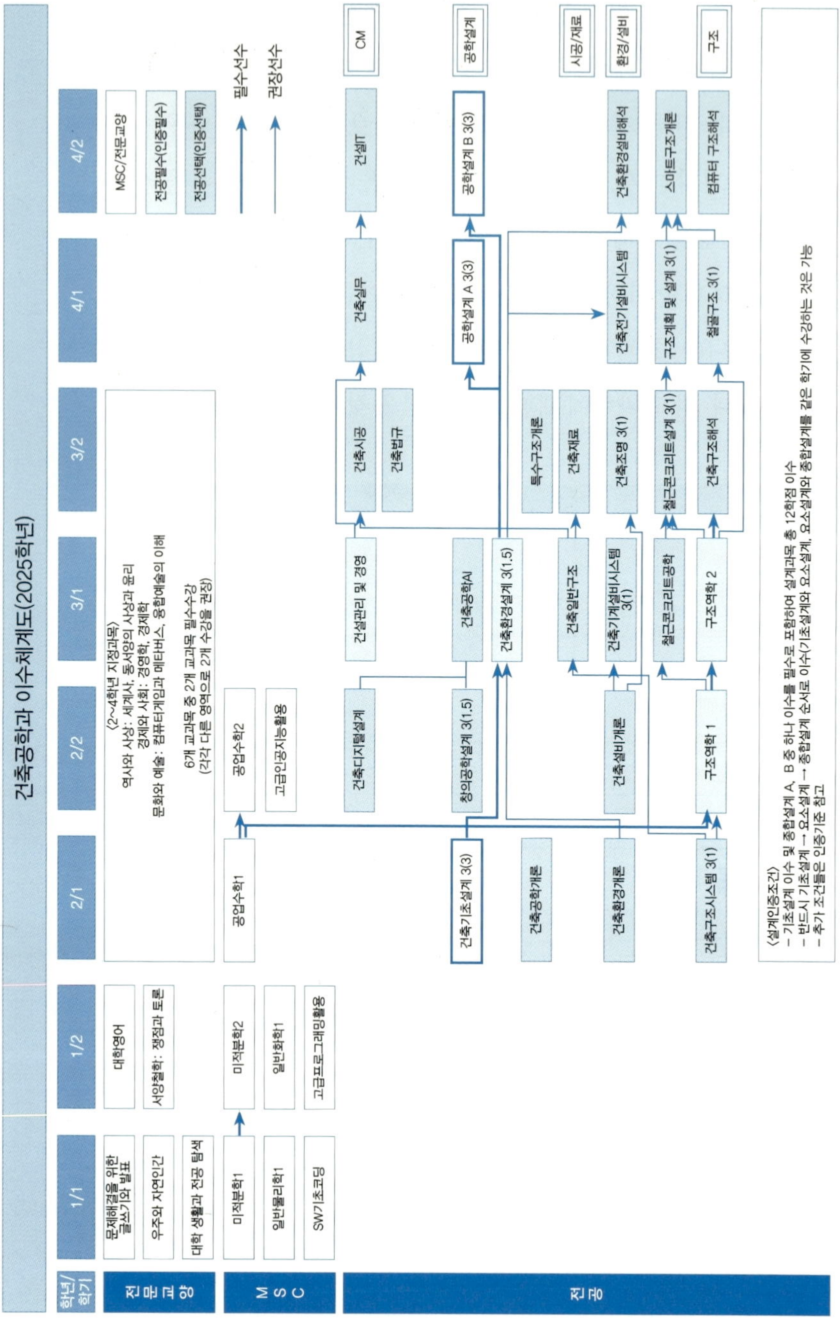

세종대학교 홈페이지 건축공학과 교육과정 이수체계도(https://home.sejong.ac.kr/~constdpt/11.html).

둘째, 학과에서 개설된 교과목들이 어떠한 흐름과 구조로 구성되어 있는지를 한눈에 파악하고자 한다면 **이수체계도**를 확인해 보는 것이 좋습니다. 이수체계도는 전공 교과목 간 연계성과 학습의 흐름을 시각적으로 보여 주는 전공 로드맵과 같으며, 기초 과목에서부터 심화 과목에 이르는 연결구조를 파악하는 데 도움이 됩니다.

지금부터 관심 있는 전공의 이수체계도를 내려받아 확인한 후, 다른 전공의 로드맵과 비교해 보면서 교과목 구성, 학습 흐름의 특성, 전공 간 차이점 등을 분석해 봅시다.

	관심 전공 1	관심 전공 2
학과(전공)명		
(트랙별) 전공 필수 교과명		
교양(기초) 필수 교과명		
⬇		
두 전공의 차이점은 무엇인가요?		
나에게 잘 맞는 전공/트랙은 무엇인가요?		
비교 활동을 통해 새롭게 알게 된 사실은 무엇인가요?		

진로/취업

교과목을 중심으로 전공 내용을 파악했다면, 지금부터는 전공 내용이 진로와 취업으로 어떻게 연결되는지를 살펴볼 차례입니다. 졸업생들의 진출 분야를 탐색함으로써, 해당 전공이 열어 주는 진로의 방향성을 이해하고 자신의 진로 설계를 구체화할 수 있습니다. 이를 위해 학과 홈페이지에 게시된 졸업생 인터뷰, 취업 현황, 진출 분야 통계표 등의 최신 자료를 활용하는 것이 도움이 됩니다. 다음 질문을 통해 관심 있는 학과의 진로 및 취업 현황을 탐색해 보기 바랍니다.

질문 예시	답변
학과가 제시한 진로 분야는 구체적으로 무엇인가요?	
졸업생들은 주로 어떤 분야에 진출했나요?	
졸업생들의 진출 분야 중 평소 관심이 있었던 진로가 포함되어 있나요?	
졸업생들의 진출 분야를 통해 새롭게 도전해 보고 싶은 진로는 무엇인가요?	
이 전공과 연관된 진로가 매력적으로 느껴졌다면, 그 이유는 무엇인가요?	

학과 또는 입학처 홈페이지에는 대부분 전공을 소개하는 영상 자료가 탑재되어 있습니다.

가천대학교 자유전공학부 학과별 홍보영상 (https://www.gachon.ac.kr/jajeon/10109/subview.do).

고려대학교 인공지능학과 학과소개영상 (https://oku.korea.ac.kr/oku/cms/FR_CON/index.do?MENU_ID=1380#;).

전공과 관련된 다양한 영상을 시청한 후, 자기 생각을 정리해 보는 것은 전공 선택 과정에서 중요한 성찰의 기회가 됩니다. 전공 탐색을 넘어 전공 선택으로 이어질 수 있도록, 가능하다면 하나의 영상에 그치지 않고 **관심 있는 전공 분야의 다양한 영상을 시청**하고 비교해 보는 것이 좋습니다. 지금부터 관심 전공 분야의 영상을 시청한 후 다음 내용을 정리해 봅시다.

<table>
<tr><th></th><th colspan="2">관심 전공 1</th><th colspan="2">관심 전공 2</th></tr>
<tr><td>학과(전공)명</td><td colspan="2"></td><td colspan="2"></td></tr>
<tr><td>영상 제목</td><td colspan="2"></td><td colspan="2"></td></tr>
<tr><td>영상에서 강조하는 내용</td><td colspan="2"></td><td colspan="2"></td></tr>
<tr><td rowspan="2">각 전공 관심 정도</td><td>시청 전</td><td>시청 후</td><td>시청 전</td><td>시청 후</td></tr>
<tr><td>상 – 중 – 하</td><td>상 – 중 – 하</td><td>상 – 중 – 하</td><td>상 – 중 – 하</td></tr>
<tr><td>전공 관심도 변화에 대한 자기 해석</td><td colspan="2"></td><td colspan="2"></td></tr>
<tr><td>전공 선택에 대한 종합적 판단</td><td colspan="2"></td><td colspan="2"></td></tr>
</table>

비교과 활동

전공 선택에 대한 인식을 구체화하기 위해서는 학과가 운영하는 다양한 비교과 프로그램에 관심을 가질 필요가 있습니다. **비교과 프로그램**은 전공 교육을 보완하는 기능을 하는 동시에 전공 분야를 폭넓게 체험할 수 있도록 제공되는 교과 외 모든 체험 활동을 말합니다.

경상국립대학교 미디어커뮤니케이션학과 홈페이지(https://www.gnu.ac.kr/comm/cm/cntnts/cntntsView.do?mi=17766&cntntsId=8101).

학과에서는 학사 공지를 통해 현재 운영 중인 비교과 프로그램을 안내하고 있습니다. 관심 있는 학과에서는 어떤 비교과 프로그램을 제공하고 있는지 정리해 봅시다.

비교과 프로그램명	주요 특징/키워드	관심 정도
		상 – 중 – 하
		상 – 중 – 하

		상 – 중 – 하
		상 – 중 – 하

전공에 대한 나의 생각 기술 (알게 된 점, 궁금한 점 등)	

대학 주요기관

전공 설계나 진로 탐색과 관련해 도움을 받을 수 있는 기관들이 대학 내에 마련되어 있습니다. 이런 자원을 적절히 활용하면 대학 생활을 더 의미 있게 보낼 수 있으니, 평소에 관심을 두고 적극적으로 이용해 보세요. 대학마다 이름은 조금씩 다르니, 대학의 조직도나 부서를 살펴보고 확인해 보세요.

교무처

교무처는 수업과 관련한 업무를 수행합니다. 학사일정, 수강 신청 및 변경, 계절학기, 학점교류, 성적, 졸업, 휴학, 복학, 자퇴, 전과와 같은 학적 변동 등의 업무 등을 관리합니다. 교무처 홈페이지에는 담당자 전화번호가 안내되어 있어, 상담이 필요할 경우에 전화로 문의할 수 있습니다. 또한 관련 학사정보는 홈페이지에서도 확인할 수 있으니 참고하기 바랍니다.

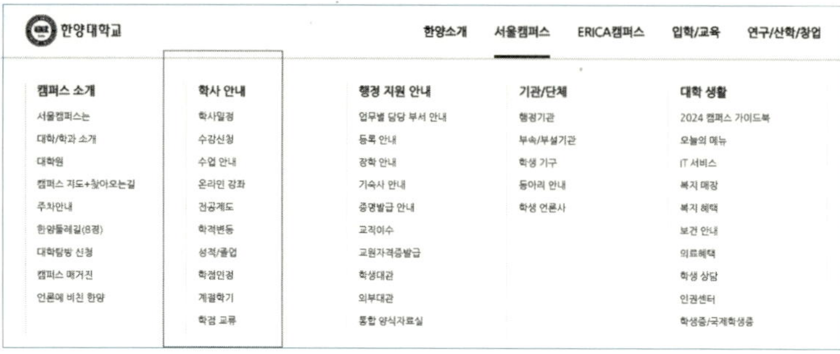

한양대학교 홈페이지(https://www.hanyang.ac.kr/#none).

인재개발처(대학일자리플러스센터)

인재개발처는 학생들의 진로개발과 경력개발을 지원하며, 성공적인 사회진출을 돕기 위해 다양한 취업지원 프로그램을 운영합니다. 따라서 진로 설정이나 취업 준비가 필요할 때, 인재개발처를 방문하여 컨설턴트의 도움을 받아 보기 바랍니다. 많은 대학에서 전문 컨설턴트가 상주하며 진로 및 취업 맞춤 상담을 제공하고, 진로적성검사, 자기소개서 첨삭, 모의 면접기술 등 다양한 취업지원 프로그램을 운영하고 있습니다.

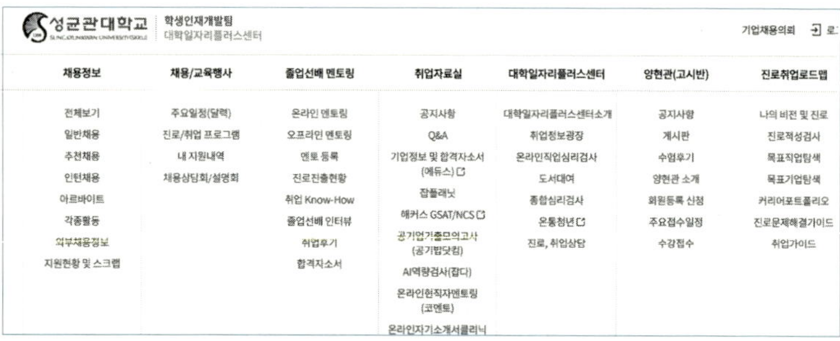

성균관대학교 홈페이지 학생인재개발팀(https://job.skku.edu/Main/).

국제처

국제처는 학생들의 국제 교류 및 협력을 지원하고 다양한 국제 프로그램을 운영하는 기관입니다. 대부분 대학은 해외 대학과 자매결연을 맺고 있으며, 교환학생, 어학연수, 해외 인턴십, 공동학위, 국제 공동연구 등 글로벌 역량을 강화할 수 있는 다양한 프로그램을 제공하고 있습니다. 또한 외국인 유학생과의 교류를 통해 글로벌 버디로 활동할 기회도 마련되어 있어, 다문화 경험을 쌓는 데 도움이 됩니다.

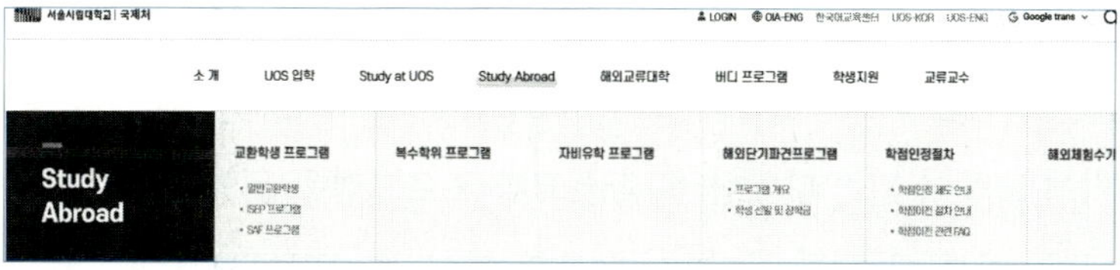

서울시립대학교 국제처 홈페이지(https://oia.uos.ac.kr/koia/web/main).

교수학습개발센터

교수학습개발센터는 학생들의 학습역량을 강화하기 위해 다양한 학습지원 프로그램(튜터링, 멘토링, 학습동아리, 보고서 작성, PPT 제작 등)을 제공하며, 학습관리시스템(LMS)을 관리하고 있습니다. 특히 대부분의 수업은 LMS 플랫폼을 통해 수업 자료 제공, 과제관리, 토론, 출석 확인, 시험(퀴즈) 등이 이루어지고 있으며, 학생들은 이를 바탕으로 학습 진도를 스스로 점검하고 관리할 수 있습니다.

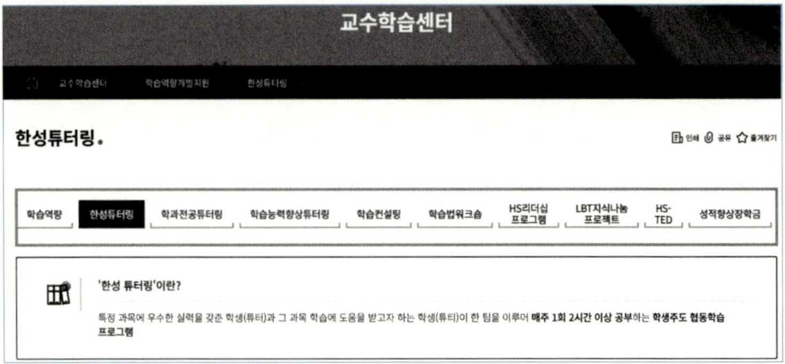

한성대학교 교수학습센터 홈페이지(https://hansung.ac.kr/eist/6794/subview.do).

비교과교육지원센터

비교과는 정규교과 외 대학 내 모든 교육활동을 지칭하며, 비교과 교육지원센터는 학생들의 대학 적응, 전공 탐색, 진로 설계, 취업 준비에 도움이 되는 다양한 비정규 교과 프로그램을 운영하는 부서입니다. 일부 대학에서는 비교과 활동 참여 시 마일리지를 제공하고 있으며, 이를 장학금으로 전환하는 제도를 운영합니다. 비교과 프로그램은 일회성 특강이나 워크숍부터 오랜 시간 투자가 요구되는 경진대회, 봉사활동에 이르기까지 다양하게 구성되어 있으며, 일부 활동은 취업 준비(포트폴리오, 자기소개서 등)에 활용할 수 있습니다.

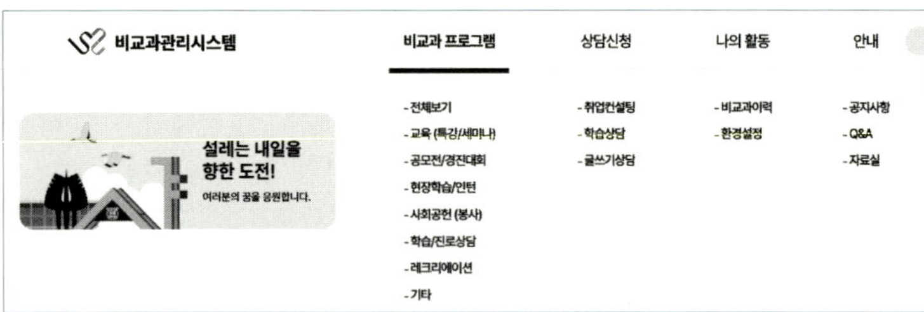

서울대학교 비교과지원센터 홈페이지(https://extra.snu.ac.kr/).

2. 자기 이해하기

학생들은 자신의 적성과 흥미에 맞는 전공을 찾기 위해 끊임없이 노력합니다. 전공이 없는 학생들은 전공 탐색 과정을 통해 전공을 선택하고, 이미 전공이 있는 학생들도 전과 제도를 활용해 새로운 전공을 전환하기도 합니다. **중요한 것은 대학에서 다양한 경험을 하게 될수록 자신에게 잘 맞는 전공을 알 수 있다는 점**입니다. 지금부터 원하는 전공을 찾기 위한 여정을 시작해 볼까요?

적성과 흥미를 고려하여 전공을 선택하려면 자신에 대한 객관적인 이해가 필요합니다. 대학 내 상담센터나 일자리플러스센터 등에서는 다양한 진로 검사와 개별 해석 상담을 제공하고 있습니다. 또한 커리어넷, 고용24와 같은 공공 플랫폼에서도 진로 및 적성 검사를 무료로 이용할 수 있습니다. 전공 탐색을 시작하기 전에 무료로 받아 보기 바랍니다.

고려대학교(세종캠퍼스) 세종학생상담센터 홈페이지(https://counseling.korea.ac.kr/counseling/index.do).

커리어넷 진로심리검사 홈페이지(https://www.career.go.kr/cnet/front/examen/examenMain.do).

지금 검사를 희망하나요? 커리어넷과 고용24 검색창에 희망하는 검사를 직접 찾아 시작해 보세요.

☞ 커리어넷 진로심리검사는 네 가지 영역의 여섯 가지 검사로 이루어져 있습니다.

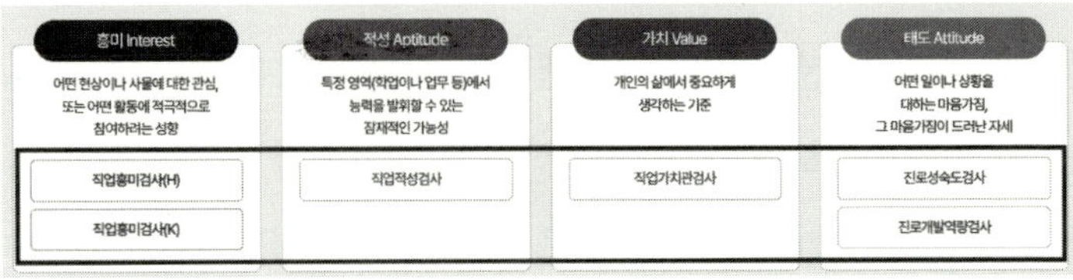

☞ 원하는 검사를 클릭 후 검사 진행 → 검사 종료 후 검사 결과를 바로 확인하십시오.

커리어넷 진로심리검사 홈페이지(https://www.career.go.kr/cloud/w/inspect/student).

☞ 고용24 → 취업지원 → 취업가이드로 접속한 후 직업심리검사 진행 → 검사 종료 후 결과를 바로 확인하십시오.

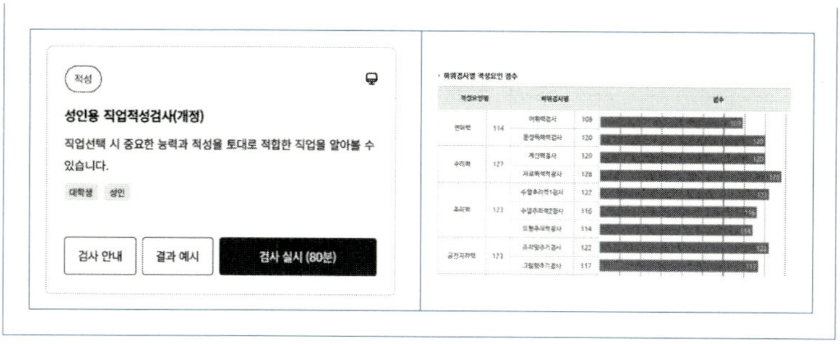

고용24 직업심리검사 홈페이지(https://www.work24.go.kr/wk/r/c/1000/jobPsyExamList.do).

3. 정보 수집하기

대학에서 제공하는 다양한 교육과정에 적극적으로 참여하는 것은 전공을 탐색하고 관련 정보를 수집하는 데 도움이 됩니다. 전공 탐색을 목적으로 하는 교과목(예: 신입생 세미나 등)을 수강하거나, 관심 있는 학과/전공의 기초 과목을 들어 보는 것도 좋은 방법입니다. 그리고 전공 박람회와 같은 비교과 프로그램에 참여하는 것도 전공에 대한 이해를 넓히는 데 효과적입니다. 관심 전공을 복수로 설정한 후, 학사지도교수와의 전공 상담을 통해 구체적인 전공 설계 방향을 모색해 보는 것도 필요합니다. 전공 설계를 위한 정보가 충분히 수집되었나요? 다음의 항목을 통해 점검해 봅시다.

<table>
<tr><th>구분</th><th>정보 수집 내용</th><th>☑</th></tr>
<tr><td rowspan="4">탐색 준비</td><td>대학에서 제공하는 전 계열의 전공 소개 및 안내 자료집 검토</td><td></td></tr>
<tr><td>대학에서 제공하고 있는 전 계열의 전공 소개 홍보 영상 시청</td><td></td></tr>
<tr><td>고용24, 커리어넷 등에서 전공 관련 직무 역량과 직업정보 조사</td><td></td></tr>
<tr><td>관심 학과(전공) 목록 작성</td><td></td></tr>
</table>

↓

<table>
<tr><td rowspan="8">전공 탐색</td><td>관심 있는 학과(전공)의 공식 홈페이지 검색</td><td></td></tr>
<tr><td>관심 있는 학과(전공)의 교육 목표 및 인재상 검색</td><td></td></tr>
<tr><td>관심 있는 학과(전공)의 전공기초, 전공심화 과정 목록 검색</td><td></td></tr>
<tr><td>관심 있는 학과(전공)에서 제공하는 홍보 영상 검색</td><td></td></tr>
<tr><td>관심 있는 학과(전공)에서 운영하는 비교과 프로그램(학과 행사 등) 검색</td><td></td></tr>
<tr><td>관심 있는 학과(전공)에서 운영하는 진로 지원 프로그램(인턴십, 체험학습, 취업특강 등) 검색</td><td></td></tr>
<tr><td>관심 있는 학과(전공) 교수진의 전공 분야, 학술 활동(논문 등), 대외활동 검색</td><td></td></tr>
<tr><td>관심 있는 학과(전공)의 졸업생 진로/취업 현황 검색</td><td></td></tr>
</table>

+

<table>
<tr><td rowspan="6">대학 공통 지원</td><td>전공 탐색을 위한 정규 교과목(전공, 교양)을 수강</td><td></td></tr>
<tr><td>대학에서 제공하고 있는 전공 탐색 비교과 프로그램(예: 전공 박람회, 선후배 멘토링 등) 참여</td><td></td></tr>
<tr><td>학사지도 및 지도교수 상담</td><td></td></tr>
<tr><td>(부)복수전공, 학생설계전공, 연계전공, 자기설계전공 등 다전공 학습</td><td></td></tr>
<tr><td>전과 제도, 집중 학기 등 학사제도 확인</td><td></td></tr>
<tr><td>전공 선택 시 요구되는 졸업 기준, 이수 체계 조사</td><td></td></tr>
</table>

4. 관심 전공 비교하기

정보 수집과 검색이 끝났다면 전공 후보를 선정해 봅시다.

	관심 전공 A【 】	관심 전공 B【 】
선정 이유		

관심 학과(전공) A/B의 특징을 비교해 봅시다.

구분	관심 학과(전공) A【 】	관심 학과(전공) B【 】
졸업학점		
전공학점		
교양학점		
핵심교과(전공필수)		
취업진출 분야		
관련 직업		

5. 전공 역량 강화하기

전공을 선택했다면, 이제는 해당 분야의 전문성을 체계적으로 키워야 합니다. 전공에서 요구하는 교과목을 성실히 이수하여 학문적 토대를 탄탄히 다지기 바랍니다. 이밖에 전공기초를 강화할 수 있는 두 가지 방법을 소개합니다.

첫째, 대학에서 제공하고 있는 **학습지원 프로그램**에 참여하는 것입니다. 교수학습센터나 교양교육을 담당하는 부서에서 (전공)기초교육을 강화하는 다양한 프로그램을 제공하고 있습니다(예: 수학, 과학 튜터링, 영어, 글쓰기 첨삭지도 등).

둘째, 전공과 관련하여 기초 및 심화과정을 공부하고 싶다면 K-MOOC(Korean Massive Open Online Course: 한국형 온라인 공개강좌) 강좌를 무제한으로 수강하는 것도 도움이 됩니다. K-MOOC은 국가평생진흥원 기관에서 무료로 운영하는 교육 플랫폼으로, 다양한 전공 강좌가 무료로 제공되고 있습니다.

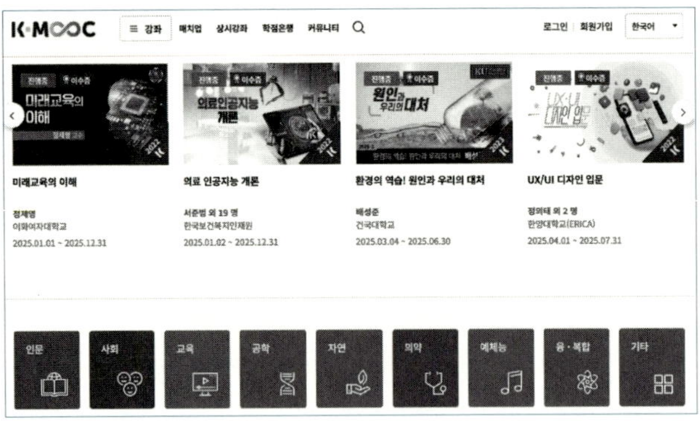

K-MOOC홈페이지(https://www.kmooc.kr/).

전공과 연계된 직무 역량 강화를 위한 준비를 지금부터 시작해 보기 바랍니다.

직무 역량 강화 계획서(예시)

나의 전공	생명과학과

1. 관심 직무를 작성한 후 필요한 역량을 조사해 보세요

관심 직무	직무에서 요구하는 역량
생명과학연구원	1. 생명과학기초 등 전공지식
	2. 데이터 분석 및 통계
	3. 실험설계/수행능력
	4. 문제해결력, 과학적 사고력

2. 현재 나의 역량을 진단한 후 향후 계획을 수립해 보세요

직무 역량	나의 직무 역량 수준	역량을 갖추기 위한 실천 계획
1.	상 – 중 – 하	
2.	상 – 중 – 하	
3.	상 – 중 – 하	
4.	상 – 중 – 하	

직무 역량 강화 계획서

나의 전공	

1. 관심 직무를 작성한 후 필요한 역량을 조사해 보세요

관심 직무	직무에서 요구하는 역량
	1.
	2.
	3.
	4.

2. 현재 나의 역량을 진단한 후 향후 계획을 수립해 보세요

직무 역량	나의 직무 역량 수준	역량을 갖추기 위한 실천 계획
1.	상 – 중 – 하	
2.	상 – 중 – 하	
3.	상 – 중 – 하	
4.	상 – 중 – 하	

◇ 대학에서 운영하는 전공 탐색 지원 체계 활용하기

대학마다 전공 탐색을 지원하는 다양한 프로그램을 운영하고 있습니다.

다음은 충남대학교 전공자율선택제 학생 대상 전공 탐색 지원 체계 현황입니다.

대학에서 제공하는 다양한 기회에 참여하고 슬기롭게 전공을 선택하세요!

프로그램명	구분	세부 내용
뉴비 (New飛) 새내기 배움터	운영 목적	• 대학 교육에 대한 기본적인 이해를 돕는 한편, 창의융합대학의 중요 제도, 교육과정, 학생 지원체계에 대한 정보 제공을 통해 초기 대학 생활 적응을 지원
	운영 시기	• 학기 초(3월)
	운영 내용	• 중요 학사제도 및 창의융합대학 교육과정 안내 • 학과(부) 배정지침 및 학생상담 체계 안내 • 융합학부별 교육과정 안내
뉴비 (New飛) 멘토링	운영 목적	• 선배 멘토 1인과 함께하는 다양한 활동을 통해 대학에 대해 더 잘 이해하는 동시에 소속감과 유대감을 형성하며, 대학에 더 잘 적응하고 효과적으로 학습하기 위한 노하우 습득 등
	운영 시기	• 학기 중
	운영 내용	• 대학 이해 및 적응 활동: 대학 내 주요 기관의 역할 및 이용방법 숙지, 학습법 코칭, 대학 내 대외활동 안내 등 • 네트워크 구축 활동: 멘토 및 동료 멘티들과의 친목도모 활동, 멘토를 통한 지망하는 학과(부) 소속 선배와의 네트워크 구축 등 • 전공 탐색 활동: 전공별 주요 교육과정, 진로, 학과(부) 생활 등에 대한 노하우 공유 등

뉴비(New飛) 투어	운영 목적	• 체험을 바탕으로 대학의 역사 및 문화를 이해하고, 대학 내 주요 기관 정보를 습득함으로써 대학생활 적응을 촉진
	운영 시기	• 학기 중(3~4월)
	운영 내용	• 선배, 또는 동료 신입생들과 함께 대학의 전통, 역사, 문화와 관련된 캠퍼스 내 장소 및 주요 학생지원 시설 등을 찾아다니며 대학을 소개하는 콘텐츠 제작(사진, 동영상, 카드뉴스 등) • 우수작을 선발하여 시상하고, 해당 콘텐츠는 학생지도를 위한 자료로서 활용
뉴비(New飛) 전공 박람회	운영 목적	• 교직원 및 재학생 등 학과(부) 구성원과 직접 상호작용하며 전공자율선택제 참여 학과(부)의 실제적인 정보를 습득할 수 있는 기회 제공 • 지망하는 학과(부) 이외에도 다양한 분야의 학과(부)를 간접 체험함으로써 융복합창의전공 계획 수립 등 융합역량 함양의 기초 마련
	운영 시기	• 학기 중(5월)
	운영 내용	• 전공 소개 부스: 전공자율선택제 참여 학과(부)의 전공 특성, 주요 학생활동, 교육과정, 학과(부) 풍토, 진로 등 학과(부)에 대한 다양한 정보 소개 • 전공 소개 특강: 전공자율선택제 참여 학과(부)의 전공 특성을 간접적으로 체험할 수 있는 미니 특강, 교수(또는 재학생) 간담회, 체험 프로그램 등 운영
탐색분반	운영 목적	• 전공자율선택제 참여 학과(부)에 속해 선배 및 동료 신입생들과 함께 어울리며 학생의 흥미와 적성에 맞는 학과(부)를 보다 수월하게 탐색할 수 있는 기회 제공 • 학문적 관점뿐 아니라 학과(부)의 풍토를 직접 체험하고 느낌으로써 자신의 특성에 부합되는 학과(부) 탐색
	운영 시기	• 학기 중

	운영 내용	• 학생활동 참여: 학생회에서 주관하는 다양한 활동(MT, 학생 축제, 기타 학과 행사 등)에 참여하며 학과(부)의 풍토를 직접 체험하고, 선배 및 신입생 등과의 원만한 대인관계 구축 • 학과(부) 내 동아리 참여: 학업, 취미, 봉사 등 다양한 목적의 학과(부) 내 동아리에 참여하며 같은 목적을 공유하는 동료 관계 형성 • 학기별 운영: 1학기 및 2학기 별도로 탐색분반을 운영하여 2개 학기에 걸쳐 서로 다른 학과(부)의 풍토를 체험할 수 있는 기회 제공(1, 2학기 동안 동일한 학과(부)를 탐색분반으로 신청하여 생활하는 것도 가능함)

◇ 나의 전공 이야기 3

생물과학에서 지식재산까지, 전공의 확장과 새로운 길

황혜민 (충남대학교 재학)

대학에서 생물과학을 전공하고, 지식재산융합전공을 복수전공하고 있습니다. 고등학생 시절, 단순한 이론보다 실질적인 적용이 가능한 학문에 흥미를 느꼈습니다. 특히 사람의 생명을 다루는 제약 · 바이오 분야에 매력을 느껴 관련 전공을 찾기 시작했습니다. 여러 대학의 교육과정을 비교하면서 분자생물학부터 생태학까지 폭넓은 지식을 다룬다는 점에서 생물과학과로 진학하게 되었습니다. 평소 새를 좋아했기에 '조류학' 교과가 있다는 점도 매력적으로 느꼈습니다. 하지만 입학 후 조류학에서의 조류가 '미세조류(algae)'를 의미한다는 사실을 알고 웃픈 해프닝을 겪기도 했습니다. 이 경험을 통해 교과명만 보고 판단하기보다 구체적인 교육과정과 교수님의 연구 분야를 꼼꼼히 살펴야 함을 배웠습니다.

전공 수업을 따라가면서 자연스럽게 연구에도 관심이 생겼습니다. 생물과학과는 졸업을 위해 반드시 연구실에 소속되어 논문을 작성해야 하는데, 저는 희귀 신경계 질환을 다루는 분자생물학 연구실을 목표로 삼았습니다. 그러나 실험 강도와 경쟁이 치열해 단순한 흥미만으로는 진입이 어렵겠다고 느꼈습니다. 특히 자연계열 전공을 살려 취업하려면 대학원 진학이 사실상 필수적인 현실을 인식하면서, 더 깊은 연구 경험과 차별화된 경쟁력이 필요하다고 판단했습니다.

이 과정에서 해당 연구실이 특허를 활발하게 출원한다는 점에 주목했고, '연구 결과가 어떻게 권리로 전환되어 산업과 연결되는가?'에 대한 관심이 생겼습니다. 그 결과, 선택한 것이 대학에 설치된 지식재산융합전공이었습니다. 처음에는 연구실 합격을 위한 전략적 선택이었지만, 특허제도, 출원실무. 기술이전 등을 배우며 지식재산 분야 자체에 매료되었습니다. 지식재산은 법률 지식에 머무

르지 않고 기술을 산업 현장에서 보호하고 활용하는 전략 수단이라는 점에서 매력적이었습니다. 이후 캠퍼스 특허 유니버시아드 대회에 참가해 기술이전 전략과 특허 패키지 기획을 경험하며, 이 분야가 기업 활동에 직접적인 영향을 미친다는 사실을 체감했습니다. 이를 계기로 바이오 분야의 '인하우스 특허 담당자'라는 구체적인 진로를 설정하게 되었습니다.

한편, 전공 경험을 넓혀 가던 중 생태 분야에도 흥미가 생겼습니다. 야외 생태 관찰 기반의 실험 수업을 계기로 환경 생태학 연구실에 합류했고, 이후 대구경북과학기술원에서 까치의 번식 행태를 관찰하는 인턴십에 참여했습니다. 통제된 실험실 환경이 아닌 자연 현장에서의 데이터 수집과 관찰은 또 다른 몰입감과 탐구의 즐거움을 주었습니다.

돌이켜 보면, 대학 생활은 끊임없는 탐색과 예상치 못한 선택의 연속이었습니다. 목표했던 길과 다른 방향으로 가기도 했고, 학내 방송국 아나운서나 마케팅 대외활동처럼 전공과 직접 관련이 없는 도전도 했습니다. 그러나 이 경험들은 기술의 가치를 시장에 설득력 있게 전달하는 소통과 마케팅 역량으로 이어졌습니다. 생물학 지식 위에 지식재산 전문성을 더하고, 생태학 연구로 현장의 가치를 배운 것처럼, 흩어져 있던 경험들이 모여 '기술과 산업의 가치를 함께 고민하는 인재'라는 제 정체성을 더욱 선명하게 만들었습니다.

전공 선택은 끝이 아니라 시작입니다. 고등학생 때의 결정이 평생을 좌우하지 않으며, 대학에 와서 얼마든지 새로운 길을 만들 수 있습니다. 다양한 수업과 프로젝트를 경험하며 '더 알고 싶고, 평생 고민하고 싶은 분야'를 찾는 과정이 진로 탐색의 핵심입니다. 저에게 지식재산이 그랬듯, 그 과정에서 새로운 세계를 만날 수 있습니다. 그러니 지금의 선택에 얽매이지 말고, 언제든 새로운 길을 만날 수 있다는 유연한 마음으로 용감하게 도전해 보기 바랍니다.

◇ 나의 전공 이야기 4

전공은 나를 가두는 틀이 아니라 진로를 그려 주는 도구

권정윤 (성균관대학교 졸업)

고등학교 시절, '전공'이라는 단어는 무겁게 다가왔습니다. 마치 단 한 번의 선택으로 평생의 진로가 정해질 것만 같았습니다. 하지만 고3 첫 입시에 실패하고 반수를 하면서, 당장 '입학 성공'이 간절해졌고, 전공은 단지 원서 작성을 위해 선택해야 하는 옵션 정도로만 느껴졌습니다. 그러다 화학 관련 직장을 다니는 아버지의 권유로 건설환경공학부에 지원하고 합격하였습니다.

합격의 기쁨도 잠시, 전공 진입을 앞두고 다시금 전공의 무게가 크게 느껴졌습니다. 2학년 2학기부터는 소프트웨어학 복수전공도 시작하며 공부량이 늘었고, 남들이 잘 선택하지 않는 전공 조합이라는 이유로 빠르게 진로 방향을 잡아야 한다는 부담감에 힘들기도 했습니다.

수많은 고민과 경험을 지나 대학을 졸업하고 취업을 하였습니다. 아직도 저만의 진로를 그려 나가는 과정에 있고, 사회에서는 시작점에 불과하다고 느낍니다. 하지만 그때와 달라진 점은 전공과 회사, 직무가 저의 진로를 정하는 것이 아니라, 제가 주도적으로 저만의 진로를 찾도록 도와주는 고마운 도구라는 확신이 생겼다는 것입니다. 이런 신념이 생기기까지의 과정 중 몇 가지 에피소드를 들려 드리고자 합니다.

EPISODE 1: 첫 현장의 궁금증에서 시작된 진로

2학년 때 본격적으로 건축공학전공 수업을 들으며 처음에는 흥미로웠지만, 시간이 갈수록 어려워지자 고민이 생겼습니다. 이론으로 배운 내용이 실제 현장에 어떻게 적용되는지 그리고 그 일을 내가 잘할 수 있을지 궁금했습니다. 궁금증을 해결하기 위해 교내 프로그램을 통해 관련 직종에 종사하는 선배들의 이야기를 들었지만, 감이 잘 오지 않았습니다.

결국 직접 현장을 경험해야겠다고 생각했습니다. 마침 수업 과제로 '친환경 건물 운영 현장 탐방'을 수행하기 위해 '더넥센유니버시티'를 방문했습니다. 처음엔 단순히 조사 내용을 확인하고 사진만 찍으려 했지만, 건물을 살펴보며 새로운 질문들이 계속 떠올랐습니다. 예를 들어, 에너지 효율성을 위해 보일러 대신 지역난방을 사용한다고 했는데 실제로 에너지를 덜 쓰는지, 데이터를 어떻게 확인하는지, 수요가 공급량보다 많아질 때는 어떻게 대응하는지, 주변 건물들은 어떤 난방을 쓰는지 등 다양한 의문이 생겼습니다.

운영실과 기계실을 찾아 직원분들께 질문하며 답변을 들었고, 머릿속 전공 지식을 되살려 현장을 이해하려 애썼습니다. 그러면서 "왜 이 장비를 이렇게 배치했을까?" "이 설비가 없으면 건물은 무엇이 달라질까?" 같은 새로운 질문들이 끊임없이 생겼습니다. 이 과정에서 전공 지식과 현장이 연결되는 것이 무척 흥미로웠고, 동시에 앞으로 전공 지식을 더 쌓아 현장을 더 깊이 이해하고 싶다는 마음이 생겼습니다. 특히 건물에 지역난방과 BIM 설계를 적용한 이유가 건축물의 목적, 납기, 주변 인프라와 맞물려 있다는 점이 흥미로웠습니다. 엔지니어로서 프로젝트의 특성을 고려해 필요한 기술들을 적극 활용해서 최적의 건축물을 만들고 싶다는 목표를 갖게 되었습니다.

EPISODE 2: 디지털 전환의 아쉬움이 쥐어진 두 번째 도구

건축공학전공 특성상 다양한 주제로 현장 탐방이 이어졌습니다. 설계, 쾌적감, 친환경 요소 등 주제는 달랐지만, 저는 건축물을 방문할 때마다 스마트 컨스트럭션 등 첨단 기술이 적용되었는지 반드시 확인하고 물어보았습니다. 그 과정에서 디지털 혁신 기술의 잠재력을 체감했지만, 정작 시공과 운영 단계에서는 BIM, AI 시뮬레이션, 드론 같은 최신 기술이 충분히 활용되지 않는 현실이 아쉽게 다가왔습니다. 건설업계의 디지털 전환 속도가 다른 산업에 비해 느린 것이었습니다. 이에 현장을 이해하는 것뿐 아니라 기술 자체를 배워, 현장과 기술을 연결해야겠다고 결심했습니다.

그 계기로 소프트웨어학 복수전공을 시작했습니다. 복수전공의 가장 큰 장점은 배우고 싶을 때마다 프로젝트와 대외활동, 동아리에 참여할 기회가 많았다는 점이었습니다. 무엇보다 코딩에 대한 두려움이 줄었고, 실패하더라도 "그냥 해 보자."라는 마음가짐이 생겼습니다.

3학년 여름, 인공지능건축설비 연구실에 들어가 운영 설비 이상진단 플랫폼 개발에 참여했습니다. 1년 남짓 소프트웨어학에서 배운 지식과 경험을 활용해 플랫폼 개발 아이디어를 구상하고 팀원들에게 제안했습니다. 예를 들어, 단순히 결과 보고서를 출력하는 것이 아니라, 사용자가 직접 이상진단용 데이터를 입력하고, 범위를 설정하면 결과를 시각화된 그래프로 웹상에서 확인하도록 하는 것입니다. 서툴더라도 분석 결과를 웹에 구현해 사용자에게 더 직관적이고 편리한 기능을 제공하였고, 관련 대회에서 전국 대상을 받았습니다. 이를 계기로 전공 지식과 소프트웨어 기술을 결합하면 실질적인 문제해결이 가능하다는 자신감이 생겼습니다.

하지만 그 과정에서 한계도 분명히 보였습니다. 당시 웹은 껍데기 수준이었고, 데이터가 방대해지면 플랫폼 운영이 매끄럽지 않을 것임을 인지했습니다. 그래서 이후에는 클라우드 환경 확장과 실시간 데이터 분석 기능이 필요하다는 피드백을 주고받았으며, 이를 계기로 소프트웨어 전공 공부도 더욱 집중하게 되는 선순환이 그려졌습니다.

EPISODE 3: 시공 현장의 문제를 풀어 준 두 가지 도구

소프트웨어 복수전공을 이어가던 중, 단순히 기술을 배우는 데서 그치지 않고 건설 시공 현장의 문제를 찾아 직접 해결해 보고 싶다는 마음이 들었습니다. 마침 졸업 평가를 종합설계 과목(캡스톤디자인)으로 진행할 수 있었고, 이 과제를 통해 그 마음을 실행에 옮기기로 했습니다.

저와 팀원들은 주제를 정하기 위해 실제 시공 현장을 방문했습니다. 현장을 살펴보던 중 흥미로운 사실을 발견했습니다. 타워크레인 같은 대형 장비에는 기계 간 충돌을 막는 장치가 이미 설치되어 있었지만, 사람과 기계 간 충돌 위험이 있는 지게차에는 아무런 안전장치가 없었던 것입니다. 이유를 물어보니, 가격과 기술 문제로 인해 현장 실용성이 낮아 아직 도입되지 않았다는 답변을 들었습니다. 그래서 관련 논문을 찾아보고, 제가 소프트웨어 복수전공을 통해 쌓아 온 네트워크 지식과 앱 개발 경험을 활용하기로 했습니다. 또 전기전자공학을 복수전공한 팀원들의 역량을 더해, 지게차와 신호수 간 안전거리를 유지하고 대피를 알릴 수 있는 안드로이드 앱을 개발했습니다. 이 프로젝트를 하며 시공 현장의 문제를 건축공학과 소프트웨어 기술로 해결할 수 있다는 것을 확신했습니다.

EPISODE 4: 실무에서도 이어지는 진로 탐색

현재 삼성전자 건설팀에서 건축물 신축과 유지보수 직무를 수행하며, 현장을 이해하고, 필요한 문제를 소프트웨어로 해결하는 방법을 함께 고민하고 있습니다. 대학 시절 꿈꾸어 온 현장을 직접 만들고 관리하며, 진로가 더 구체화되고 있어서 하루하루 즐거움을 느낍니다.

전공은 여전히 저에게 세상을 탐색하고 나만의 길을 찾아가는 도구입니다. 이 도구 덕분에 앞으로도 계속 배우고, 문제를 발견하고, 해결하며 저만의 진로를 그려 나갈 자신이 있습니다.

◇ 나의 전공 이야기 5

진로 탐색기를 오래 거친 선배가 전하고 싶은 것

김기덕 (충남대학교 교육중점교수)

대학에서 전공자율선택제로 입학한 1학년 학생들을 지도하고 있습니다. 교육학 전공으로 입학했던 신입생 때를 회상해 보면, 무언가 거창한 꿈이 있었던 것은 아니었습니다. '친구들에게 무언가 알려주면서 이야기하는 게 좋아서, '교사가 될 수도 있겠다.' 정도의 막연한 생각이었습니다.

2학년이 되면서 교사가 되려면 반드시 복수전공을 해야 한다는 사실을 알게 되었습니다. 교육학 교사 자격증을 받지만, 교육학 교사를 선발하지 않기 때문이지요. 그래서 어릴 때부터 좋아했던 역사학과를 복수전공으로, 일어일문학을 부전공으로 신청해서 공부를 시작했습니다. 교직 부전공 제도가 있던 시절이라, 부전공만으로도 교사 자격증을 취득할 수 있었습니다. 이후 교환학생과 평생교육사 등 이것저것 손대다 보니 졸업이 늦어졌고, 어느덧 입학한 지 9년이 흘렀습니다.

더 심각한 것은, 그렇게 오래 대학에 다녔음에도 졸업하고 무엇을 해야 할지 막막했다는 것입니다. 4학년 때 나갔던 교생실습에서 경험해 본 교사 생활은 저와 맞지 않았고, 그렇다고 취업을 하자니 딱히 가고 싶은 직렬이나 회사도 없었습니다. 그러다가 문득 생각난 것은, 일본 교환학생을 하고 온 후 2년간 참여했던 유학생 도우미 활동이 즐거웠다는 점이었습니다. 유학생들의 한국 생활 적응과 한국어 학습을 도와주기 위해 이런저런 프로그램을 직접 기획하고 운영하던 그 경험이 교육공학 분야를 선택하여 대학원에 진학하는 계기가 되었습니다. 이후 교육학 석박사 학위를 취득하고 지금 이 자리까지 오게 되었습니다.

일반 학생들처럼 전공을 선택하여 대학에 입학하게 된다면, 1학년 때부터 해당 전공 관련 학문 분야의 전문가가 되기 위한 교육과정에 따라 공부하게 됩니다. 전공 학습에 도움이 될 만한 교양 교과목들도 친절한 선배의 조언을 받아 수강할 수 있고, 다양한 학생 자치 활동에 참여하며 자연스럽게 학과(부)의 소속원으로 자연스럽게 스며들 수 있습니다. 반면, 막상 들어와 보니 생각했던 것과는 전혀 다른 학문 분야의 내용과 진로에 헤맬 수도 있을 것입니다. 정말 이 전공이 나에게 적합한지, 나에게 더 맞는 학문 분야가 있지는 않았을지 불안하게 되기도 하겠지요. 저처럼 오랜 기간 다시 진로와 전공을 탐색하는 고된 길에 오를 수도 있을 것입니다.

이러한 문제를 겪을 수도 있는 학생들에게 드리고 싶은 조언은, 학과(부) 또는 대학에서 제공하는 다양한 프로그램에 적극적으로 참여해 보라는 것입니다. 동아리도 좋고, 비교과 프로그램도 좋고, 국제교류 프로그램도 좋고, 봉사활동도 좋습니다. 그 안에는 내가 상상한 것, 그 이상의 경험이 있습니다. 수업에서만 배웠던 내용들이 실제로 적용되는 상황에 직면할 수도 있고, 소중한 사람과의 관계를 형성하게 될 수도 있습니다. 평소라면 얻기 어려웠던 고급 정보들을 얻을 기회가 주어지게 되기도 할 것입니다. 예를 들어, 경영학 전공이라면 동아리의 행사를 기획하거나 예산을 책정하는 과정들이 곧 본인의 전공 지식을 적용해 볼 수 있는 기회의 장이 되는 것입니다. 그러한 과정 속에서 자신이 정말 하고 싶은 것, 잘할 수 있는 것들이 무엇인지 고민해 본다면 나만의 진로를 찾을 수 있을 것으로 기대합니다.

그리고 저처럼, 대학에 입학할 때 막연함만을 가지고 있는 학생들이 있다면 전공자율선택제로 입학하는 것도 고려해 보면 좋겠습니다. 전공자율선택제는 학생들의 진로에 대한 시행착오를 조금이라도 줄이기 위해 도입된 제도입니다. 대학에 진학하여 자신에 대해 이해하는 활동과 더불어 직접 각 전공을 체험해 봄으로써 정말 자신에게 적합한 전공이 무엇인지를 탐색하고 선택할 수 있는 기회를 제공하자는 것이지요.

전공자율선택제로 입학한다면 일반 학과 또는 학부로 입학한 학생들에 비해, 상대적으로 혼란과 어려움을 더 겪게 될 수 있습니다. 처음 입학하면 친절하게 재미있는 또는 전공 학습에 도움이 되는 교과목을 친절히 추천해 주고, 대학가 주변의 맛집을 소개해 주는 선배들이 없어 많은 부분을 혼자서 알아 가야만 합니다. 다른 학생들이 친한 선배에게 물어보면 쉽게 얻을 수 있는 과제나 시험 준비를 효율적으로 하기 위한 꿀팁도 스스로 찾아야 합니다. 2학년에 올라가면서 정말 자신에게 잘 맞는 전공을 선택할 수 있을지, 혹은 원하는 학과(부)로 진학할 수 있을지에 대한 불안감을 느낄 수 있습니다. 옆에 있는 친구들이 나와 같은 소속인지, 친하게 지내더라도 학과(부)를 배정받으면 그대로 헤어지게 될 사이는 아닐지와 같은 생각으로 인간관계 형성이 어려울 수 있습니다.

전공자율선택제는 완전히 새로운 제도는 아닙니다. 한국과학기술원(KAIST), 포항공과대학교(POSTECH), 울산과학기술원(UNIST) 등 다수의 대학에서 오래전부터 무전공으로 신입생을 선발하고, 2학년 진학 시 전공을 선택하는 제도를 운영해 왔습니다. 다른 대학들도 학부제, 자유전공학부 등 이와 유사한 학사제도를 운영해 본 경험이 있습니다. 그러한 경험들은, 현재 겪고 있는 그리고 앞으로 겪을 것으로 우려되는 다양한 어려움들을 예측하는 데이터가 되고 있습니다. 과거의 데이터가 있다고 하더라도 그때와 지금의 교육 환경이 다르고, 대학마다 시스템이 다르기 때문에 문제가 없을 수는 없습니다. 그러나 처음 대학에 입학하여 시행착오를 통해 고등학생에서 대학생으로 탈바꿈해 나가는 것과 같이, 대학 역시도 시행착오를 겪으며 보다 효과적인 제도와 프로그램을 만들어 나가고 있습니다.

전공자율선택제로 입학하여 대학에서는 전공을 탐색해 보라고 하는데, 막상 무엇을 해야 할지 모르겠다면 이러한 제도와 프로그램을 적극적으로 활용해 보기 바랍니다. 귀찮을 수도 있겠지만, 그러한 작은 귀찮음이 하나둘 쌓여 여러분의 성공적인 대학 생활과 전공 선택을 위한 밑바탕이 되어 줄 것입니다.

아울러 전공 또는 진로를 결정하지 못했다는 막막함에 불안해하지 않기를 바랍니다. 아직 4년이라는 시간이 있습니다. 대학에서 경험하게 되는 4년이라는 시간 속에서, 정말 자신이 좋아하고 잘하는 것을 차근차근 되짚어 보기를 바랍니다. 이를 위해 전공자율선택제와 관련이 없어 보이는 비교과 프로그램이나,

혹은 봉사활동, 아르바이트 등 다양한 활동을 경험해 보기를 추천합니다. 튜터로서 튜티를 가르쳐 보거나, 동아리의 임원으로서 공연이나 행사를 기획해 본다거나, 또는 아르바이트로 많은 사람과 대화하고 물건을 홍보해 보는 경험들 속에서 재미를 느꼈던 것, 혹은 예상보다 좋은 성과를 얻을 수 있었던 것들이 나만의 진로와 적성이 될 것입니다.

그리고 조교 선생님들과 교수님을 너무 어려워하지 말아 주세요. 이분들은 대학생의 선배이자 선생님으로서 여러분의 대학 생활과 성장을 돕기 위해 늘 애쓰고 계십니다. 궁금한 점이 있거나 도움이 필요할 때 문을 두드리세요. 언제든 손을 내밀어 주실 것입니다. 대학은 생각보다 많은 기회를 대학생에게 제공합니다. 대학을 최대한 활용하세요!

제3장

대학 전공 알아보기: 인문계열

인문계열은 모든 학문의 기초가 되는 인문학의 교육과 연구를 목표로 합니다. 인간과 문화, 인간의 가치와 인간의 자기표현 능력을 깊이 이해하기 위해 과학적인 연구 방법을 탐구하는 분야이기도 합니다. 세부 계열로는 국문학, 언어학, 역사학, 철학, 심리학, 종교학, 문화인류학, 문헌정보학, 지역학, 언어와 문학 등이 있으며, 각 전공에 대한 자세한 정보를 얻으려면 관련 기관의 공식 자료를 확인해 보는 것이 좋습니다.

일러두기

1. 전공 분류: 『2024 학과(전공) 분류 자료집』 (임소현 외, 2024)의 분류에 따름.
2. 전공 소개: 대학 홈페이지에서 일부 발췌함.
3. 관련 학과: 『2024 학과(전공) 분류 자료집』 (임소현 외, 2024)에서 발췌, 정리함.
4. 개설 대학: 대학 홈페이지에서 확인, 정리함. (2025년 기준)
5. 전공 Q & A: 커리어넷의 학과정보 및 대학 학과 홈페이지 참고, 새롭게 조사, 정리함.

1. 국문학

전공 소개

국어국문학과는 우리 말과 우리 문학을 연구하여 민족 문화를 창조적으로 계승하고 발전시키는 것을 목적으로 하는 학과이다. 이를 위해 국어의 구조와 역사를 밝혀내는 한편, 지난 시대와 이 시대의 문학을 그 시대정신과 사회 배경 속에서 이해하고 그 가치를 탐구한다. 민족의 삶이 국어와 함께 이루어지고, 그 삶의 자취와 정신과 향기가 우리 문학 작품 속에 담겨 있으므로 국어국문학은 한국 인문학의 핵심이 된다고 할 수 있을 것이다. 학사 과정에서는 이와 같은 국어국문학의 3대 영역, 즉 국어학, 고전문학, 현대문학에 입문하기 위한 기초를 닦게 되는데, 이것은 다른 분야로의 진출을 꾀하는 학생들에게도 발전과 확대의 절실한 바탕이 될 것이다. 학교생활에서 학생들은 강의에 임하는 외에도, 학생들의 자율적인 다양한 모임 또는 '학회'에 가입하여 관심 영역을 확대하고 폭넓은 교양을 쌓을 수 있다. 이러한 활동 속에서 다른 사람들과 생각과 경험을 나누고 더불어 토론하면서, 삶의 기본적 태도를 가다듬고 인문학적 소양을 기를 수 있으며, 나아가 졸업 후의 전문 연구를 포함한 다방면의 진로를 탐색할 수 있다. 이러한 활동을 통해 때로는 고립되고 외로울 수도 있는 대학 생활을 활기차고 보람찬 젊은 지성인의 생활로 만들어 갈 수 있다.

서울대학교 국어국문학과 홈페이지 전공 소개(https://korean.snu.ac.kr/).

관련 학과

*국문학과 *문예창작과 *미디어국문학과 *한국어학과 *미디어콘텐츠학과(부) *스토리텔링학과 *한국동양어문학부 *한국어문화학부 *웹문예창작학과 *한국어교육학부(과) *K-문화산업학과 *한자문화콘텐츠학과 *문학문화콘텐츠학과 *한국어통번역전공 *통상언어전공 *국어국문창작학부 *다문화한국어학전공 등

개설 대학

학과명	대학명
국문학과	서울대학교, 경희대학교, 경상국립대학교, 영남대학교, 충남대학교, 고려대학교 등
문예창작과	명지대학교, 단국대학교, 중앙대학교, 서울과학기술대학교, 국립순천대학교, 계명대학교 등
한국어교육학과(부)	부산외국어대학교, 전북대학교, 인천대학교, 성균관대학교 등
미디어콘텐츠학과(부)	경성대학교, 국립한국교통대학교, 배재대학교, 서원대학교, 세명대학교, 청주대학교 등
문학문화콘텐츠학과	한성대학교 등

국문학 Q & A

Q 이 전공은 어떤 분야인지 소개해 주세요.

A 국어국문학은 한국어와 한국문학을 깊이 있게 연구하는 학문입니다. 한국 고전문학에서부터 현대문학, 그리고 한국어의 구조와 기능까지 폭넓게 다루고 있습니다. 언어를 배우는 것을 넘어, 국어의 구조를 이해하고 문학적 감수성을 키우는 과정이라고 볼 수 있습니다.

Q 학생들은 구체적으로 무엇을 배우나요?

A 한국 고전문학부터 현대문학, 한국어 문법까지! 탄탄한 커리큘럼을 통해 국어의 구조를 이해할 수 있습니다. 또한 국어능력인증시험, 한국어교육능력검정시험, 한자능력검정시험 등 다양한 자격 취득도 가능합니다.

Q 이 전공을 마친 후에는 어떤 진로로 나아갈 수 있나요?

A 기자, 프로듀서, 방송작가, 교사, 소설가, 시인, 비평가, 은행 외에도 인터넷 등 정보통신 분야에서 활약할 수 있으며, 그밖에 한국고전번역원, 한국출판문화산업진흥원 등 다양한 분야로 진출할 수 있습니다.

문화콘텐츠학 Q & A

Q 이 전공은 어떤 분야인지 소개해 주세요.

A 문화콘텐츠학은 다양한 문화적 산출물을 탐구하고, 이를 비평적 시각으로 분석하며 콘텐츠를 제작하는 학문입니다.

Q 학생들은 구체적으로 무엇을 배우나요?

A 문화콘텐츠 제작 실습, 영상문학콘텐츠 분석, 디지털과 문화콘텐츠 등 창의적인 아이디어를 현실로 구현하는 법을 배우게 됩니다. 또한 게임 그래픽 전문가, 게임 프로그래밍 전문가로 활동할 수 있으며, 멀티미디어 콘텐츠 제작 전문가, 컨벤션기획사 등 다양한 자격을 갖출 수 있습니다.

Q 이 전공을 마친 후에는 어떤 진로로 나아갈 수 있나요?

A 방송, 영화, 공연, 게임, 지역문화, 홍보 등 분야에서 문화콘텐츠를 기획하고 제작하는 일을 하게 됩니다. 특히 기업 및 산업체, 언론사, 광고 대행사, 애플리케이션 개발사, 문화재단, 연구기관 등 다양한 분야로 진출할 수 있으며, 특히 한국출판문화산업진흥원, 한국콘텐츠진흥원, 한국문화예술교육진흥원 같은 국가기관과 공공기관에서도 활약할 수 있습니다.

한국어교육학 Q & A

Q 이 전공은 어떤 분야인지 소개해 주세요.

A 한국어교육학은 외국인을 대상으로 한국어를 효과적으로 가르칠 수 있는 전문 인력을 양성하는 학문 분야입니다. 한국의 현대 문화에 대한 이해를 바탕으로, 한국 언어와 문화를 세계에 전달할 수 있는 교육자를 길러 내고 있으며, 다문화 시대에 한국어와 문화를 연결해 주는 가교역할을 수행할 전문가를 양성하는 학문 분야입니다.

Q 학생들은 구체적으로 무엇을 배우나요?

A 한국어이해교육법, 한국어표현교육법, 한국어교육개론 등을 배우게 되며, 한국어 교원 2급 자격증을 취득할 수 있습니다.

Q 이 전공을 마친 후에는 어떤 진로로 나아갈 수 있나요?

A 한국어 교사, 한국문화지도사, 국내 다문화지도 교원, 한국문화콘텐츠(영화, 드라마) 개발에 참여할 수 있으며, 한국국제교류재단, 국외 한국문화원, 출판사 또는 대사관과 같은 공공기관에 진출할 수 있습니다.

문예창작학 Q & A

Q 이 전공은 어떤 분야인지 소개해 주세요.

A 문예창작학은 시와 소설, 수필 등 다양한 문학작품을 창작하는 능력을 기르고, 문학 이론과 창작 기법을 배우며, 나아가 우리 삶의 다양한 경험과 의미를 문학적으로 표현하는 방법을 배우게 됩니다.

Q 학생들은 구체적으로 무엇을 배우나요?

A 문학과스토리텔링, 문예창작, 드라마, 시나리오창작실습 등 창의적인 문화와 예술 활동에 집중할 수 있으며, 디지털 환경에 맞는 창작 역량도 기를 수 있습니다. 관련 자격증으로는 국어능력인증시험과 한국어교육능력검정시험이 있으며, 이를 통해 실력을 더욱 탄탄하게 다질 수 있습니다.

Q 이 전공을 마친 후에는 어떤 진로로 나아갈 수 있나요?

A 언론, 출판사, 방송작가, 영화, 시나리오 작가, 기자, 광고기획자, 독서논술지도자, 문예지도자 등과 같은 직업을 꿈꾼다면 문예창작 전공이 좋은 선택이 될 수 있으며, 신문사, 방송국을 비롯해 인터넷 콘텐츠 제작사, 광고 회사, 기업체 홍보실 등 다양한 기업 분야로 진출할 수 있습니다. 또한 한국교육학술정보원, 한국고전번역원, 한국출판문화산업진흥원 같은 문학 · 문화 관련 공공기관에서 폭넓게 활동할 수 있습니다.

2. 언어학

전공 소개

[……] "언어란 무엇인가?"에 답하고자 하는 언어학은 "인간이란 무엇인가?"에 답하고자 하는 인문학에 속합니다. 그러나 다른 전통적 인문학 분야들과는 달리 언어학은 "언어의 과학적 연구"라는 정의에서 알 수 있듯이, 정밀하고 명시적인 자연과학적 연구 방법을 적용하면서 과학성을 추구합니다. 세계적으로 보면, 언어학 이론은 페르디낭 드 소쉬르(Ferdinand de Saussure), 노엄 촘스키(Noam Chomsky)와 같은 학문의 거장들에 의해 선도되어 왔으며, 다른 많은 학문 분야의 발전에도 큰 기여를 하였습니다. 저희 서울대 언어학과는 훌륭한 언어학자의 양성을 중심 목표로 삼고 있으며, 세계의 모든 언어를 대상으로 언어의 보편성과 특수성에 대한 연구와 교육을 진행하고 있습니다. 학과의 교과과정은 다음 네 가지의 큰 갈래(음성학 · 음운론, 통사론 · 의미론, 역사 · 비교언어학, 컴퓨터언어학)를 바탕으로 하고 있습니다.

서울대학교 언어학과 전공 소개 일부(https://linguist.snu.ac.kr/).

관련 학과

*언어학과 *언어정보학과 *언어인지과학과 *국제언어학부 *글로벌플러스학부 *아시아언어문명학부 *글로벌문화비지니스학부 *스토리텔링융복합전공 *국제언어문화학부 *선교언어학부 등

개설 대학

학과명	대학명
언어학과	서울대학교, 고려대학교, 충남대학교 등
언어정보학과	부산대학교 등

언어인지과학과	한국외국어대학교 등
아시아언어문명학부	서울대학교 등
국제언어문화학부	한양사이버대학교, 세명대학교, 인하대학교 등

언어학 Q & A

Q 이 전공은 어떤 분야인지 소개해 주세요.

A 언어학은 인간의 가장 두드러진 특징인 언어를 과학적으로 연구하는 학문입니다. 언어학에서 언어에 대한 탐구는 한국어, 영어, 독일어 등 개별 언어의 본질에 대한 심층적인 탐구뿐만 아니라, 개별 언어들을 아우르는 언어 보편적인 속성의 탐구를 포괄하고 있습니다.

Q 학생들은 구체적으로 무엇을 배우나요?

A 음성학, 음운론, 머신러닝과 음성장애진단예측, 전산언어학, 형태론, 언어데이터과학입문 등을 배우며 언어의 본질을 탐구하게 됩니다.

Q 이 전공을 마친 후에는 어떤 진로로 나아갈 수 있나요?

A 언어 교사, 통 · 번역가, 사전편찬 전문가, 작가, 기자 등 다양한 언어 관련 분야에서 역량을 발휘할 수 있습니다. 또한 언어정보처리를 함께 배우면 음성인식, 음성합성, 인공지능, 자연언어처리, 컴퓨터 기반 언어교육 등 첨단 기술을 활용한 분야에서도 활약할 수 있습니다.

3. 심리학

전공 소개

심리학은 인간의 마음과 행동을 과학적으로 연구하는 학문입니다. 인간을 탐구하는 데에 있어 예술, 종교, 인문학이 직관적이고 서술적인 방법으로 접근한다면, 심리학은 경험적으로 검증 가능한 방법론을 사용하여 인간의 행동과 마음을 연구합니다. 또한 사회학, 경제학 및 다양한 사회과학들이 보다 거시적인 사회적 구조 및 맥락 또는 문화 등을 통하여 인간을 이해하고자 한다면, 심리학은 행위 주체인 한 개인의 내면적 요인들에 초점을 두고 인간의 마음과 행동을 설명하는 보편적인 법칙을 연구합니다.

서울대학교 심리학과 홈페이지 전공 소개(https://psych.snu.ac.kr/).

관련 학과

*심리학과 *응용심리학전공 *아동상담학과 *산업심리학 *상담심리학과 *아동심리보육학과 *예술상담학과 *뇌인지과학과 *언론심리학 *사회심리학 *아동심리언어치료학과 *심리치료학과 *미술심리상담학 *심리철학상담학과 *상담코칭심리학과 *임상심리전공 *특수치료학과 *재활상담심리학과 *뇌기반 감정코칭학과 *군경코칭상담학과 *명상심리상담학과 *군경소방상담학과 *심리운동치료학과 *브레인트레이닝학과 *의료심리학과 등

개설 대학

학과명	대학명
심리학과	서울대학교, 고려대학교, 연세대학교, 성균관대학교, 충남대학교, 부산대학교, 이화여자대학교, 중앙대학교, 계명대학교, 강원대학교 등

상담심리학과	한남대학교, 삼육대학교, 대구한의대학교, 조선대학교, 동신대학교 등
뇌인지과학과	서울대학교, 이화여자대학교, 한국과학기술원(KAIST) 등
심리치료학과	단국대학교, 경일대학교 등
그밖에	의료심리학과(화성의과학대학교 등), 군경소방상담학과(서울디지털대학교 등), 미술심리치료학과(대구한의대학교 등), 명상심리상담학과(동국대학교 등), 미술심리상담학(한일장신대학교 등)

심리학 Q & A

Q 이 전공은 어떤 분야인지 소개해 주세요.

A 심리학은 인간의 마음과 행동을 과학적으로 연구하는 학문입니다. 심리학은 인간의 마음과 행동을 과학적으로 연구하는 학문입니다. 인간의 행동과 마음을 경험적으로 검증 가능한 방법론으로 탐구하며, 개인의 내면적 요인을 중심으로 마음과 행동을 설명하는 보편적 법칙을 연구하는 학문입니다.

Q 학생들은 구체적으로 무엇을 배우나요?

A 사회심리, 성격심리, 인지심리 등 다양한 심리 이론을 배우며, 사회조사분석사, 소비자전문상담사, 임상심리사, 직업상담사, 청소년상담사 등 관련 자격증을 취득할 수 있습니다.

Q 이 전공을 마친 후에는 어떤 진로로 나아갈 수 있나요?

A 미술치료사, 심리치료사, 임상심리사 등의 직업을 가질 수 있으며, 일반 기업의 마케팅 및 리서치 부서, 심리검사 및 상담 기관 등 다양한 분야에서 활동할 수 있습니다. 또한 한국청소년상담복지개발원, 한국건강가정진흥원과 같은 심리 및 상담 관련 공공기관에 진출할 수 있습니다.

4. 문헌정보학

전공 소개

문헌정보학은 종래에는 도서관학이라 하여 주로 도서 자료를 인식하고 수집, 정리, 조직, 운용하는 지식과 기술을 다루는 분야를 일컬었으나, 정보 개념이 도입되면서 넓은 의미의 정보와 이용자 및 그 상호 관계로 분야가 확대되었다. [……] 정보학이라는 용어는 1959년 미국 펜실베이니아대학교 출판물에서 처음 쓰였는데, 정보 형태의 다양화와 컴퓨터 및 통신공학의 발달에 따라 정보의 성질과 유통뿐 아니라 정보 가공기술 및 시스템에 대한 연구가 활발히 이루어지고 있다. 도서관학과는 자료와 그 이용이라는 측면에서 정보학과 통합되어 다루어진다. 주요 연구 분야로는 문헌정보학사, 정보의 수집 · 조직 · 가공 · 이용, 참고봉사, 도서관 운용 및 협동체제, 서지학 등이 있으며, 인접학문으로는 정보이론, 사이버네틱스(cybernetics 인간과 기계 간의 정보처리를 연구하는 학문), 기호학 · 언어학 · 심리학 · 도서학 · 서지학 등이 있다.

충남대학교 문헌정보학과 홈페이지 전공 소개(https://lis.cnu.ac.kr/lis/index.do).

관련 학과

*기록관리학과 *도서관학과 *문헌정보학과 *정부기록보전학전공

개설 대학

학과명	대학명
문헌정보학과	서울여자대학교, 덕성여자대학교, 성균관대학교, 연세대학교, 이화여자대학교, 중앙대학교, 충남대학교, 중부대학교, 청주대학교, 전남대학교, 대구대학교 등
기록관리학과	전북대학교, 한남대학교, 대구가톨릭대학교, 인천대학교, 경북대학교 등

문헌정보학 Q & A

Q 이 전공은 어떤 분야인지 소개해 주세요.

A 문헌정보학은 지식과 정보를 체계적으로 이해하고, 이를 효과적으로 수집하고 전달하는 방법을 배우는 학문입니다. 문헌정보학과에 입학하면 학생들은 정보를 분석하고 활용하는 전문 역량을 갖춘 정보 전문가로 성장할 수 있습니다.

Q 학생들은 구체적으로 무엇을 배우나요?

A 정보시스템, 데이터베이스, 소프트웨어 개발, 뉴미디어 활용 등 다양한 분야와 연계되며, 융합 학문으로도 주목받고 있습니다. 또한 정보 활용 기술과 함께 정부 기록물 관리, 도서관 운영, 문헌 보존법 등을 배우게 됩니다. 또한 데이터베이스 시스템 관련 자격증, 사서 자격증, 인터넷정보관리사 등 관련 자격증을 취득할 수 있습니다.

Q 이 전공을 마친 후에는 어떤 진로로 나아갈 수 있나요?

A 문화재 보존 전문가, 언론인, 정보 관리 전문가 등으로 활동할 수 있으며, 중앙기관 및 지자체 자료실, 국립중앙박물관, 국회 · 공공도서관, 대학도서관, 문화재단, 전문 포털 웹사이트 운영기관, 출판사, 대형서점 자료센터 등으로 진출할 수 있습니다.

5. 국제지역학

전공 소개

국제지역학은 글로벌 시대에 요청되는 외국어, 정보화 능력 함양과 인문학 및 사회과학적 훈련을 통해 국제 업무를 담당하는 모든 형태의 직무현장에서 창의성과 전문성을 발휘할 수 있는 유능한 인재를 육성합니다. 영어, 프랑스어, 러시아어 등의 외국어에 대한 실용교육을 바탕으로 북미, 유럽/아시아 등 세계 주요 지역의 문화, 사회, 역사, 정치, 경제에 대한 인문학적 · 사회학적 교육을 지향하고 있습니다.

강남대학교 국제지역학과 홈페이지 전공 소개(https://kcc.kangnam.ac.kr/).

관련 학과

*국제지역학부 *러시아학과 *독일문화정보학과 *독일지역학과 *동부아지역학부 *동아시아학과 *동양학부 *유럽문화학부 *베트남학과 *미국학과 *서양학부 *북한학과 *세계지역학부 *스페인중남미학과 *아랍지역학과 *아시아지역학과 *유럽학과 *중국학과 *일본학과 *중앙아시아학과 *프랑스지역학과 *언더우드국제학부 *글로벌커뮤니케이션학부 *지미카터국제학부 *유라시아학과 *국제문화비즈니스학부 등

개설 대학

학과명	대학명
국제지역학부	국립부경대학교 등
지미카터국제학부	전북대학교 등
국제문화비즈니스학부	부산외국어대학교 등
글로벌커뮤니케이션학부	경희대학교 등

국제지역학 Q & A

Q 이 전공은 어떤 분야인지 소개해 주세요.

A 국제지역학은 세계 각 지역의 지리나 역사, 문화, 경제 등을 종합적으로 공부하게 됩니다. 졸업 후에는 국제 감각을 지닌 지역전문가로 성장할 수 있습니다.

Q 학생들은 구체적으로 무엇을 배우나요?

A 국제관계학, 비교정치론, 외교정치의 이해, 지역학개론 등을 배우게 되며, 관광통역안내사, 국내여행안내사 등의 자격증을 취득할 수 있습니다.

Q 이 전공을 마친 후에는 어떤 진로로 나아갈 수 있나요?

A 국제개발협력전문가, 국제기구종사자, 국제협력사무원, 국제NGO활동가(국제시민단체활동가), 경영컨설턴트, 국제범죄전문가, 출입국심사관, 관광가이드, 의료관광코디네이터, 다문화코디네이터, 해외공보관, 신문기자, 잡지기자, 방송기자, 광고 및 홍보전문가, 번역가, 유학상담자, 관리비서, 무역사무원, 외교관, 해외영업원 등으로 진출할 수 있습니다.

6. 역사 · 고고학

전공 소개

고고학은 과거 인간이 남긴 흔적, 즉 유물 · 유적 등의 물질 자료를 통해서 고대 인류의 문화를 복원하고 해석하는 학문이다. 문자기록이 없던 선사시대를 연구하는 것뿐만 아니라 역사시대에 들어와서도 무덤이나 건물지를 비롯한 여러 역사적 물질 자료를 통해 문헌만으로는 밝힐 수 없는 역사적 문제들을 해결할 수 있음으로 학문의 시간 폭과 활동영역이 대단히 넓다. 고고학은 야외조사를 통해 자료를 수집 분석하는 실증적인 경험과학의 하나이다. 이에 연구 자료인 유적과 유물은 좁게는 지역의 역사를 밝힐 수 있는 향토사 자료이고, 넓게는 세계화시대의 우리 민족의 역사를 규명하는 중요한 문화유산이므로 일반인들의 커다란 관심의 대상이기도 하다.

충남대학교 고고학과 홈페이지 전공 소개(https://cnuarchaeology.cnu.ac.kr/archaeology/index.do).

관련 학과

*고고학과 *국사학과 *동양사학과 *사학과 *서양사학과 *역사문화학과 *역사철학부 *역사지리학부 *역사학과 *한국사학과 *역사문화관광학과 *한국문화사학과 *역사고고학과 *역사사회학 전공 *역사콘텐츠학과 *아시아문화학부 *고고미술사학과 *고고인류문화학과 *한국역사학과 *융합고고학과 *역사영상콘텐츠학부 *역사어문학부 등

개설 대학

학과명	대학명
고고학과	충남대학교, 부산대학교 등

국사학과	서울대학교, 가톨릭대학교, 서울시립대학교, 동국대학교, 충남대학교, 성균관대학교, 고려대학교 등
역사문화학과	연세대학교, 울산대학교, 조선대학교, 원광대학교 등
역사콘텐츠학과	상명대학교, 대진대학교, 국립목포대학교, 한성대학교 등
고고인류문화학과	전북대학교, 경북대학교 등
그밖에	고고미술학과(서울대학교 등), 역사철학부(국립군산대학교 등)

사학 Q & A

Q 이 전공은 어떤 분야인지 소개해 주세요.

A 사학은 인류의 과거를 탐구하며, 그 의미를 분석하고 해석하는 과정을 배웁니다. 이를 통해 과거와 현재를 깊이 성찰하고, 미래 사회를 이끌어 갈 인재를 양성합니다.

Q 학생들은 구체적으로 무엇을 배우나요?

A 동양고대사, 동양현대사, 사학개론 등을 배우며, 역사적 사건과 그 흐름을 분석하는 방법을 익힙니다. 관련 자격증으로는 문화재수리기술자, 박물관 · 미술관 준학예사, 사서 등이 있습니다.

Q 이 전공을 마친 후에는 어떤 진로로 나아갈 수 있나요?

A 역사교사, 대학이나 연구소에서 전문 연구원으로 활동할 수 있으며, 언론, 출판, 광고, 엔터테인먼트 등의 분야에 진출할 수 있습니다. 그밖에 도서관, 중앙정부 및 지방자치단체의 문서실, 국립박물관 · 문화재단 등 역사 관련 공공기관에서 활동할 수 있습니다.

7. 철학 · 윤리학

전공 소개

철학이란 우리의 삶에 있어서 중요한 여러 가지 문제를 신중한 사색, 치밀한 개념 분석, 정교한 논증 구성과 같은 방법을 통해 탐구하는 학문입니다. 이러한 문제들은 '지식이란 무엇인가?' '인간은 자유의지를 가지고 있는가?' '신이 존재하는가?' 등과 같은 근본적인 주제들에서부터 '낙태, 육식이 도덕적으로 허용되는가?' '고도로 발달된 AI는 인간과 같은 현상적 의식을 가질 수 있는가?'와 같이 현재 우리의 삶과 밀접한 주제들까지 다양한 방식으로 나타납니다.

[……] 철학을 공부하는 것은 다양한 학문적 · 사회적 · 문화적 · 예술적 문제들에 마주했을 때, 이를 분석하고 종합할 수 있는 능력, 논리적 · 비판적으로 사고할 수 있는 능력, 창의적 · 주체적으로 생각할 수 있는 능력 등을 함양할 수 있게 해 줍니다. 우리 학부과정은 학부생들이 이러한 능력을 기를 수 있는 이상적인 환경을 제공하며, 나아가서 철학적 토론과 글쓰기 훈련 등을 통해서, 자신의 생각을 논리적으로 정교화하고, 말과 글로써 설득력 있고 명료하게 풀어내는 능력을 기를 수 있게 해줍니다. 이러한 능력들은 졸업 후, 사회의 어느 분야에 진출하더라도 각 분야에서의 성공적인 활동을 위해 필수적으로 요구되는 능력입니다. [……]

성균관대학교 철학과 홈페이지 전공 소개(https://skb.skku.edu/philosophy/index.do).

관련 학과

*윤리학과 *인도철학과 *종교철학과 *중국철학 *철학과 *철학윤리학부 *철학종교학부 *효학과 *풍수지리학전공 *생명윤리학과 *심리철학과 *영상철학과 *문화철학전공 *유학/동양학과 *철학상담학과 *철학문리문화학부 등

개설 대학

학과명	대학명
종교철학과	서울대학교, 연세대학교, 감리교신학대학교 등
철학과	서울대학교, 연세대학교, 고려대학교, 중앙대학교, 성균관대학교, 단국대학교, 전북대학교, 경북대학교 등
그밖에	윤리학과(인천대학교 등), 인도철학과(동국대학교 등), 생명윤리학과(가톨릭대학교 등), 유학/동양학과(원광디지털대학교 등), 철학 · 상담학과(울산대학교 등)

철학 Q & A

Q 이 전공은 어떤 분야인지 소개해 주세요.

A 철학은 삶의 의미, 신, 선과 악, 존재와 같은 근본적인 질문을 던지고, 이에 대해 논리적이고 합리적으로 답하는 방법을 탐구하는 학문입니다.

Q 학생들은 구체적으로 무엇을 배우나요?

A 서양고중세철학, 동양철학, 철학적 논리학, 한국철학사, 현대 철학의 흐름, 과학철학 등을 배우며, 다양한 사상과 논리를 분석하고 비판적으로 사고하는 능력을 키웁니다. 이러한 과정은 졸업 후 언론인, 윤리교사, 평론가와 같은 직업으로 나아가는 데 도움이 됩니다.

Q 이 전공을 마친 후에는 어떤 진로로 나아갈 수 있나요?

A 언론사, 철학 관련 연구소와 같은 기업뿐만 아니라 중앙정부 및 지방자치단체, 인문사회연구회와 같은 공공기관, 대학 교수, 학교 교사 등 교육 공무원으로 활동할 수 있습니다.

8. 종교학

전공 소개

[……] 과학문명이 고도로 발달하고 4차 혁명의 시대를 예고하고 있는 현 시점에도 여전히 종교학은 남다른 의미와 중요성을 가집니다. 인간의 근원적 의미를 물어 온 종교는 미래에도 여전히 인간과 함께 할 것이고 종교학은 거기에 침윤되어 있는 인간의 실존적 의미를 탐색할 것이기 때문입니다. 신속한 정보처리 기술과 인공지능 기술 발달로 요약할 수 있는 미래에는 필연적으로 인간의 의미를 다시 물을 수밖에 없습니다. 인간의 능력을 뛰어넘는 인공지능 앞에서 인간은 스스로의 존재 의미를 되물을 수밖에 없기 때문입니다. 종교를 연구하는 것은 곧 인간을 이해하고자 하는 노력입니다. 그래서 종교학은 인간학이라고 할 수 있습니다. 종교학의 이러한 본령은 미래에도 여전히, 아니 오히려 더욱 필요로 하게 될 것입니다. 이러한 시대적 요청과 종교학적 상상력이 결합될 때 종교학의 확장성은 무한히 넓어지게 될 것입니다. [……]

서강대학교 종교학과 홈페이지 전공 소개(https://religion.sogang.ac.kr/religion/index_new.html).

관련 학과

*기독교상담학과 *기독교학과 *동양종교학과 *불교학과 *선교신학과 *신학과 *원불교학과 *종교문화학과 *종교문화콘텐츠학과 *성서학과 *불교인문학부 *기독교상담전공 *기독교교육과 미디어학과 등

개설 대학

학과명	대학명
신학과	아신대학교, 고신대학교, 총신대학교, 협성대학교 등
기독교학과	서울여자대학교, 이화여자대학교, 호서대학교, 강남대학교, 한남대학교 등
그밖에	불교문화콘텐츠전공(동국대학교 등), 성서학과(한국성서대학교 등), 종교학과(서강대학교 등), 기독교상담학과(백석대학교 등)

신학 Q & A

Q 이 전공은 어떤 분야인지 소개해 주세요.

A 신학은 인간과 신의 관계를 연구하고 배우는 학문입니다. 신학은 성서적인 계시의 진리를 탐구하고 개혁신학의 원리와 자유정신을 추구하며, 기독교 복음을 자신의 삶에서 체험하고, 성경적 세계관에 기초한 인문학적 교양 교육을 폭넓게 실시하며, 신학의 근본적 토대가 되는 성경을 가르치고 깊이 연구하는 학문입니다.

Q 학생들은 구체적으로 무엇을 배우나요?

A 기독교교육, 성서학개론, 신학입문, 종교심리학 등의 교과목을 배우게 됩니다.

Q 이 전공을 마친 후에는 어떤 진로로 나아갈 수 있나요?

A 성직자, 신학연구원이 될 수 있으며, 언론사, 교회, 사회복지시설 등과 같은 기업에 취업이 가능하고 중앙정부 또는 지방자치단계의 종교 관련 공공시설에서 활동할 수 있습니다.

9. 언어와 문학

관련 학과 및 개설 대학

영미어 · 문학	*영어영문학과(서울대학교, 전북대학교, 영남대학교, 성균관대학교, 인천대학교 등) *영미어문학과(가천대학교) *영미언어 · 문화학과(한양대학교, 안양대학교, 세명대학교, 전주대학교 등) *영어학과(목원대학교, 한국외국어대학교, 동서대학교 등) *관광영어학과(안산대학교, 연성대학교 등) *영어커뮤니케이션학과(부산외국어대학교) *TESOL 영어과(한국외국어대학교) *비즈니스영어전공(서경대학교) *영미문학 · 문화학과(한국외국어대학교) 등
독일어 · 문학	*독어독문학(부산대학교, 고려대학교, 인천대학교, 서울대학교, 연세대학교, 강원대학교, 덕성여자대학교 등) *독일언어문화학과(영남대학교, 숙명여자대학교, 충북대학교) 등
일본어 · 문학	*일어일문과(고려대학교, 경북대학교, 부산대학교, 영남대학교, 서울여자대학교, 전남대학교 등) *일본언어문화학과(한국외국어대학교, 한국방송통신대학교, 인하대학교, 국립순천대학교 등) * 관광일본어학과(동신대학교) *일본학과(국민대학교) *일본어융합학부(부산외국어대학교) 등
중국어 · 문학	*중국어과(국립한밭대학교, 국립한국교통대학교 등) *중국어문학과 *중국어정보학과 *중어학과 *한문학과 *중국유학과 *관광중학과 *관광항공중국어학과 *중국언어문화학부 *한중비교문화학과 *한중학전공 *중어중문학과(성균관대학교 등) *중국어문화학과(서울시립대학교 등) 등
프랑스어 · 문학	*불어과 *불어불문학과(아주대학교, 전남대학교 등) *프랑스어과 *프랑스어문학과(중앙대학교 등) *프랑스어문화학과 *프랑스언어문화학과(충북대학교, 숙명여자대학교, 인하대학교 등) *프랑스 · 이탈리아학부 *유럽중남미학부(단국대학교 등) 프랑스학전공 *프랑스문화콘텐츠전공(서울여자대학교 등) 등
러시아어 · 문학	*노어노문학과(서울대학교, 고려대학교 등) *노어과(한국외국어대학교 등) *러시아문학전공(중앙대학교 등) *러시아어학과(경희대학교 등) *노어러시아학과 *러시아 · 언어문화전공 *러시아언어문화학과(안양대학교 등) *러시아중앙아시아학과(계명대학교, 선문대학교, 대구가톨릭대학교 등) 등

스페인어 · 문학	*서반어학과 *서어서문학과(서울대학교, 고려대학교 등) *스페인어학과(경희대학교 등) *스페인어중남미학과(계명대학교 등) *중남미학 전공 등
기타 아시아어	*동북아어문학부 *동아시아어학과 *동양어문학부 *말레이 · 인도네시아어과 *몽골어과 *미안마어과 *베트남어과 *아랍어과 *이란어과 *중앙아시아어과 *태국어과 *터어키어과 *히브리 · 중동학 전공 *카자흐스탄학전공 *동아시아언어문화학부 *중동과 *터키 · 중앙아시아어과 *아세안비즈니스학과 *아시아언어문명학부 *인도학과 *동남아시아학부 *페르시아어 · 이란학부 등

영어영문학 Q & A

Q 이 전공은 어떤 분야인지 소개해 주세요.

A 영어영문학은 세계 공용어인 영어를 체계적으로 익히고, 영어학, 문학, 그리고 영미 문화를 깊이 탐구합니다. 체계적인 교육과정을 거쳐 영미어 · 문학 분야 인재를 배출합니다.

Q 학생들은 구체적으로 무엇을 배우나요?

A 영미문학사, 영미비평, 영어음성학 등을 배우며, 영어의 역사적 배경과 언어적 특성을 분석하는 방법을 익힙니다. 관련 자격증으로는 관광통역안내사, 무역영어, 영어회화평가시험 등이 있습니다.

Q 이 전공을 마친 후에는 어떤 진로로 나아갈 수 있나요?

A 무역 회사, 해외 현지 기업, 언론사 등 다양한 산업 분야에서 활동할 수 있습니다. 또한 외교관, 대사관, 인천국제공항공사, 한국수출입은행과 같은 영어 활용도가 높은 공공기관에 진출할 수 있습니다.

> 모든 계열 모든 전공에서 '대학 교수와 연구원'의 직업 진출이 가능합니다. 대학원에 진학하여 박사학위를 취득하면 연구직으로 진출할 수 있습니다.

제4장

대학 전공 알아보기: 사회계열

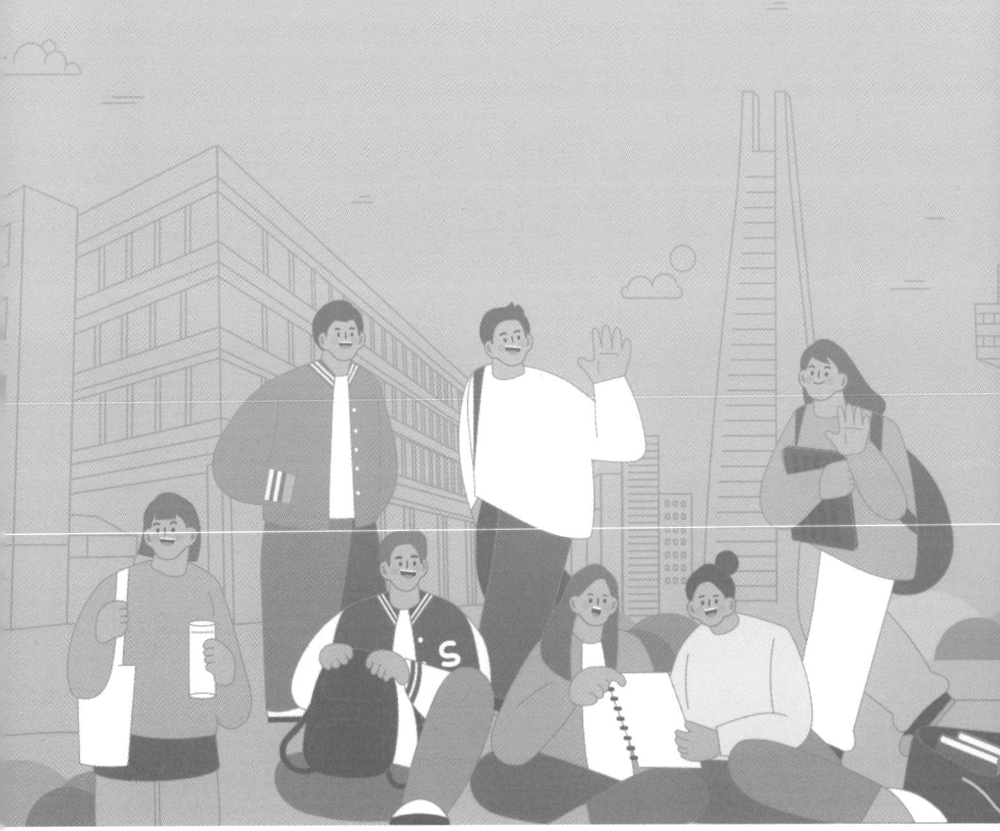

사회계열은 사회현상을 과학적이고 체계적으로 탐구하는 것을 목표로 하는 학문 분야입니다. 경영학, 경제학, 관광학, 사회복지학, 사회학, 법학, 종치외교학, 언론 · 방송학, 행정학, 홍보학, 금융 · 회계 · 세무, 국제학, 도시지역학 등 다양한 전공이 포함됩니다. 사회 전반에 대한 관심이 많다면 사회계열 전공을 주목해 볼 만하며, 각 전공에 대한 보다 구체적인 정보는 관련 기관의 공식 홈페이지를 통해 확인할 수 있습니다.

일러두기

1. 전공 분류: 『2024 학과(전공) 분류 자료집』 (임소현 외, 2024)의 분류에 따름.
2. 전공 소개: 대학 홈페이지에서 일부 발췌함.
3. 관련 학과: 『2024 학과(전공) 분류 자료집』 (임소현 외, 2024)에서 발췌, 정리함.
4. 개설 대학: 대학 홈페이지에서 확인, 정리함. (2025년 기준)
5. 전공 Q & A: 커리어넷의 학과정보 및 대학 학과 홈페이지 참고, 새롭게 조사, 정리함.

1. 경영학

전공 소개

인류 탄생 이후 인간은 도구의 사용, 분업의 발견 등을 거쳐 조직을 구성하게 됩니다. 18세기 산업혁명 이후, 이 조직은 기업으로 발전하게 되고 더 많은 자본을 축적하기 위해 조직을 효율적으로 관리할 필요성이 대두됩니다. 그에 따라 탄생한 학문이 바로 경영학입니다. 당시에는 경영학이 단순한 기업의 운영 매뉴얼이기에 학문이 될 수 없다는 비판을 받았습니다. 하지만 기업이 21세기 세계화와 정보화 등을 주도하고 경영학 관련 연구자들이 노벨 경제학상을 받는 등 경영학의 위상이 높아지고 있습니다. 경영학은 조직의 목표를 달성하기 위한 의사결정에 도움을 주는 학문이라 할 수 있습니다. 경영학은 경영정보시스템, 국제경영, 마케팅, OSM(Operations and Service Management), 재무관리, 인사조직, 회계 등 세부분야로 나뉘어 있습니다. 특히 경영학은 다른 학문과 유기적으로 융합되기 쉬운 학문이며 경영학을 뿌리를 두고 있는 다양한 파생 학문도 등장하고 있습니다. 현대에 와서 경영학은 국제화와 시장다변화, 정보화 시대에 따라 다양한 분야로 뻗어 나가고 있으며 단순한 기업의 관리를 넘어 소비자 만족, 사회 기여와 같은 사회적 가치 창출에도 중요한 위치를 차지하고 있습니다.

한양대학교 경영학부 홈페이지 전공 소개(https://biz.hanyang.ac.kr/-8).

관련 학과

*경영정보학과(부) *관광학부 * 경영광고학부 * 경영무역학부 * 경영정보 및 통계학부 * 경영행정학부 *관광경영학부 *관광외식산업학과 *호텔관광경영학과 * 국제경영학과 *국제마케팅학부 *기업경영학과 *농업경영학과 *도시부동산개발학과 *벤처경영학과 *병원경영학과 *비즈니스 IT 학부 * 산업경영학과 *수산경영학과 *스포츠경영학과 *스포츠산업학과 *글로벌비즈니스학부 *영양급식경영학과 *예술경영학과 *의료경영학과 *유통경영학과 *인터넷비즈니스학과 *전자상거래학과 *축산경영학과 * 철도경영물리학과 *빅데이터경영학과 *아시아비즈니스국제학과 등

개설 대학

학과명	대학명
경영정보학과(부)	충북대학교, 명지대학교, 동국대학교, 울산대학교, 한남대학교, 국민대학교, 동아대학교 등
(호텔)관광학부	한양대학교, 백석대학교, 대구가톨릭대학교, 경남대학교, 부산외국어대학교 등
호텔관광경영학과(부)	세종대학교, 신라대학교, 우송대학교, 동서울대학교, 동국대학교, 신라대학교 등
관광경영학과(부)	가천대학교, 강원대학교, 국립공주대학교, 동아대학교, 세명대학교, 경희대학교, 동명대학교 등
국제경영학과	단국대학교, 동덕여자대학교, 충북대학교, 한국외국어대학교, 계명대학교, 충남대학교 등
스포츠경영학과	단국대학교, 상명대학교, 백석대학교, 경기대학교 등
스포츠산업학과	한국체육대학교, 조선대학교, 국립한국교통대학교, 한양대학교 등
글로벌비즈니스학부	충남대학교, 우송대학교, 국립창원대학교, 동아대학교, 전남대학교, 동명대학교 등

경영학 Q & A

Q 이 전공은 어떤 분야인지 소개해 주세요.

A 경영이란 특정한 목적을 달성하기 위해 체계적으로 운영하고 관리하는 활동을 의미합니다. 경영학은 마케팅, 조직 · 인사, 생산 관리, 재무 관리 등 기업 경영에 필요한 핵심 지식을 폭넓게 탐구하는 학문입니다. 졸업 후 주로 기업체에 종사하지만, 경영은 어디에나 필요하므로 기업 외 다양한 분야에 진출할 수 있습니다.

Q 학생들은 구체적으로 무엇을 배우나요?

A 인사관리, 마케팅관리, 기업윤리, 재무관리 등을 배우며 또한 경영지도사, 공인회계사, 관세사, 물류관리사, 소비자전문상담사, 전산회계운용사 등 자격 취득도 가능합니다.

Q 이 전공을 마친 후에는 어떤 진로로 나아갈 수 있나요?

A 회계법인, 컨설팅 회사, 은행, 증권사, 자산운용사, 투자자문사 등 다양한 기업과 금융 · 회계 분야로 진출할 수 있습니다. 또한 은행 · 보험사, 펀드매니저, 애널리스트 등 금융 및 증권 전문가로 활동하거나, 벤처 · 프랜차이즈 창업에 도전할 수 있으며, 대학원 진학을 통해 전문성을 더욱 심화할 수도 있습니다.

무역학 Q & A

Q 이 전공은 어떤 분야인지 소개해 주세요.

A 무역학은 국가 간 무역 이론과 상거래에 대한 이론과 실무를 바탕으로, 글로벌 시대에 능동적으로 대응할 수 있는 전문 인재를 양성하는 학문입니다. 학생들은 경제학의 기본 원리에서부터 국제경제학, 국제기업경영 및 무역실무에 이르기까지 폭넓고 심도 있는 교과과정을 통해 국제 무역에 대한 이론적 이해와 실무 능력을 갖출 수 있습니다.

Q 학생들은 구체적으로 무엇을 배우나요?

A 무역정책론, 무역영어, 국제마케팅, 무역법규론 등을 배우게 되며, 또한 관세사, 경매사, 사회조사분석사, 전자상거래운용사 등 다양한 자격 취득도 가능합니다.

Q 이 전공을 마친 후에는 어떤 진로로 나아갈 수 있나요?

A 기업체, 금융기관, 공무원 등으로 진출 가능하며, 각 분야에서 무역, 국제통상, 해상보험, IT 무역컨설턴트, 관세사 등 다양한 직무를 수행할 수 있습니다. 또한 KOTRA, 무역협회 등 국내 관련 공공기관뿐 아니라 WTO 등 국제기구에서 전문가로 활동하기도 합니다. 졸업 후 대학원에 진학해 대학 교수로 활동하거나, 정부기관 및 기업 부설 국제무역 · 국제통상정책 연구기관의 연구원으로 진출하는 길도 열려 있습니다.

2. 경제학

전공 소개

경제학은 경제주체가 희소한 자원을 이용하여 재화와 서비스를 생산 · 분배 · 소비하는 과정에서 발생하는 경제문제를 연구하는 학문이다. 효율성과 공평성의 달성을 지향하는 실천적 사회과학으로서, 경제학은 200년이 넘는 역사를 거쳐 발전해 오는 동안 이론적 체계가 정교하게 확립되어 오늘날 '사회과학의 여왕'이라 불리고 있다. 현대의 경제학은 경제 성장과 경제 안정, 경제적 형평이라는 주요 목표를 달성하기 위한 방법을 모색하는 한편, 환경 · 교통 · 정보 · 산업 · 기술 · 노동 · 금융 · 국제경제기구 · 경제통합 등 광범위한 연구 주제를 가지고 인류의 물질적인 진보와 미래 사회의 비전 제시에 노력하고 있다. [……] 경제학은 유한한 자원을 가장 효율적으로 배분하는 방법에 대한 관심으로부터 출발하고 있으며, 따라서 경제적 효율성의 추구가 가장 핵심적인 과제가 된다. 이와 동시에 공평한 분배, 순조로운 경제성장을 이룰 수 있는 방법의 탐구도 중요한 과제라고 말할 수 있다. 이런 문제들이 현실경제에서 어떻게 해결되고 있는지를 이론적 · 역사적 · 실증적 관점에서 탐구하는 것이 경제학 학습의 주안점이다. 따라서 기본적인 의식주 문제뿐 아니라, 교통, 환경, 교육, 기술혁신, 정보 등 광범위한 문제들을 탐구 대상으로 삼는다.

서울대학교 경제학부 홈페이지 전공 소개(https://econ.snu.ac.kr/).

관련 학과

*경제금융학과(부) *경제정보학부 *경제학과 *글로벌(국제)경제학과 *국제회계경제학부 *농업경제학과 *디지털경제학부 *산업경제학과 *환경자원경제학과 *부동산경제학과 *사회적경제학과 *경제무역학부

개설 대학

학과명	대학명
경제금융학부	영남대학교, 한양대학교, 순천향대학교, 계명대학교, 원광대학교, 대구대학교 등
경제학과	단국대학교, 고려대학교, 성균관대학교, 성신여자대학교, 가천대학교, 인천대학교 등
글로벌(국제)경제학과	선문대학교, 성균관대학교, 한신대학교 등
환경자원경제학과	단국대학교 등
농업(자원)경제학과	국립순천대학교, 충남대학교, 강원대학교, 서울대학교, 전남대학교, 충북대학교 등
(국제)경제무역학부	국립목포대학교, 한국해양대학교 등

경제학 Q & A

Q 이 전공은 어떤 분야인지 소개해 주세요.

A 경제학은 한정된 자원을 어떻게 효율적으로 사용할 것인가에 대한 인간의 선택과 행동, 그리고 그 결과를 공부하는 학문입니다. 학생들은 경제이론을 비롯해 사회경제와 국가경제에 관한 다양한 이론을 배우게 되며, 졸업 후에는 기업, 금융기관, 국가기관 등 다양한 분야에서 경제 전문 인력으로 활동하게 됩니다.

Q 학생들은 구체적으로 무엇을 배우나요?

A 거시경제학, 경제발전연구, 재정학, 미시경제학 등을 배우며, 이를 통해 세무사, 신용관리사, 신용분석가, 자산관리사 등 다양한 자격 취득이 가능합니다.

Q 이 전공을 마친 후에는 어떤 진로로 나아갈 수 있나요?

A 은행, 증권사, 종합금융사, 보험 회사, 회계법인 등 금융권과 학계, 경제연구기관, NGO 연구소, 행정부, 정부투자기관, 기업체 등 다양한 경제 분야에서 활동할 수 있습니다. 또한 대외경제정책연구원 등 공공기관과 신문사 · 방송사 등 유력 언론기관에서도 전문성을 발휘할 수 있습니다.

> 판사, 검사, 변호사 등 법조인은 법학전문대학원을 졸업하고 변호사 자격시험을 합격하면 됩니다. 학부는 열려 있습니다.

3. 관광학

전공 소개

관광경영학과는 미래 고부가가치 전략산업인 관광산업의 전문 인재를 교육하고 양성하는 것을 목표로 하고 있습니다. 호텔, 여행사, 항공, 컨벤션, 외식 등 다양한 관광산업 분야의 이론과 실무실습 교육을 병행하여 이론과 실무를 겸비한 우수한 관광 전문 인력을 양성하고 있습니다. 관광학개론, 관광자원론 등 관광 전공기초 능력과 더불어 호텔경영론, 관광서비스마케팅, 문화관광론, 컨벤션경영론, 외식경영론, 항공경영론, 항공예약발권, 글로벌상품개발 등 다양한 관광 전공심화 교육을 제공하고 있습니다. 변화하는 관광환경에 맞춰 ESG 지속가능관광, IT와 관광을 공부하며, 국내외 관광지 답사, 현장실습, 인턴십 등을 통해 지식과 역량을 갖춘 전문관광인으로의 성장을 목표로 하고 있습니다. 아울러 국가공인자격증인 관광통역안내사, 국내여행안내사, 호텔서비스사, 호텔관리사 자격시험에서 전공 관련 과목의 필기시험이 면제되는 혜택을 받을 수 있습니다. 졸업 후에는 관광통역안내사, 국내여행안내사, 여행상품기획자, 문화관광 해설사, 호텔서비스사, 호텔관리사, 항공사 객실승무원, 지상직승무원, 공항세관원, 국제회의기획사, 이벤트기획자, 카지노딜러, 크루즈승무원, 국제의료관광코디네이터 등 다양한 분야에서 활동할 수 있습니다.

한세대학교 관광경영학과 홈페이지 전공 소개(https://www.hansei.ac.kr/kor/501/subview.do).

관련 학과

*관광학부 *관광개발학과 *관광경영학부 *관광레저학부 *관광문화학과 *관광통상경영학부 *국제관광통상학부 *국제관광학부 *문화관광학부 *항공관광학과 *관광통상복지학부 *문화관광학과 *항공운항서비스학과 *호텔 · 컨벤션학부

개설 대학

학과명	대학명
(호텔)관광학과/부	한양대학교, 백석대학교, 부산외국어대학교, 수원대학교, 동명대학교, 대구가톨릭대학교 등
(호텔)관광경영학과/부	세종대학교, 가천대학교, 신라대학교, 강원대학교, 동아대학교, 남서울대학교 등
항공관광학과	한서대학교, 안산대학교, 서원대학교, 항공관광학과, 창신대학교, 송원대학교 등
항공(운항)서비스학과	극동대학교, 가톨릭관동대학교, 배재대학교, 청주대학교, 국립한국교통대학교 등
관광문화학과	국립경국대학교 등

관광경역학 Q & A

Q 이 전공은 어떤 분야인지 소개해 주세요.

A 관광경영학은 관광산업 전반에 대한 이론 교육과 실무 중심의 경험을 결합해, 관광 분야에 필요한 전문 인재를 양성하는 학문입니다. 학생들은 관광 이론, 통계 및 연구조사방론 등을 배우는 한편, 관광사업체 방문, 업계인사 초청 특강 등을 통해 산업 현장을 이해하고 실무 역량을 강화할 수 있습니다.

Q 학생들은 구체적으로 무엇을 배우나요?

A 관광경제론, 호텔회계, 여가산업론, 관광자원론 등을 배우며, 또한 관광통역안내사, 호텔서비스사 등의 자격을 취득할 수 있습니다.

Q 이 전공을 마친 후에는 어떤 진로로 나아갈 수 있나요?

A 대기업과 전문 관광개발업체를 비롯해 호텔, 항공사, 여행사, 외식산업, 리조트, 컨벤션 · 국제회의, 이벤트 산업 등 관광 · 서비스 전반에 진출할 수 있습니다. 또한 관광 관련 국가행정기관과 지방자치단체, 한국문화관광연구원, 학계 등 다양한 분야에서 활동의 폭을 넓힐 수 있습니다.

4. 가족 · 사회 · 복지학

전공 소개

사회복지학은 인간존중의 철학을 바탕으로 사회문제와 사회복지의 현상을 탐구하고, 그에 대한 해결책을 제시하는 학문이다. 사회복지학은 자체적으로 개발한 지식 및 기술과 여러 기초사회과학에 의해 구축된 이론들을 토대로, 다양한 사회문제들을 개인적 차원, 사회구조적 차원에서 해결하고 예방하는 실천지향적인 학문이자 응용사회과학이다. 사회복지학의 연구 주제는 정책 분야와 임상 및 서비스 분야를 포괄하며, 정책 분야에서는 인간 삶의 질을 증진시키기 위한 사회 정책과 제도를 연구한다. 사회보험제도(국민연금, 건강보험, 산재보험, 고용보험), 국민기초생활보장제도, 노동과 실업 정책 등을 연구하여 개발하고, 복지국가 모형을 제시한다. 임상 및 서비스 분야에서는 사람에게 직접 접근하여 제공하는 전문적인 상담과 사회 서비스를 연구한다. 아동, 가족, 장애인, 노숙인, 청소년, 노인, 여성 등 사회적 지원이 필요한 사람들에게 적합한 사회적 프로그램과 서비스 시스템을 개발하고 적용한다.

서울대학교 사회복지학과 홈페이지 전공 소개(https://socialwelfare.snu.ac.kr/).

관련 학과

*가정복지학과 *가족복지학과 *가족환경학과 *기독교복지학부 *노인복지학과 *도시사회복지학과 *복지아동학부 *사회복지학과 * 사회복지행정학과 *산업복지학과 *상담사회복지학부 *아동청소년상담학과 *여성학과 *진로직업상담학과 *청소년지도학과 *사회복지경영학부 *실버복지경영학부 *의료사회복지학과 *건강복지학과 *아동청소년복지과 *행정복지학부 *장례지도학과 *아동학부 *청소년문화 · 상담학과 *아동청소년복지과 *노인요양복지전공 *교정사회복지과 *치매전문재활학과 *산림치유학과 *중독상담학과 *보건의료복지학과

개설 대학

학과명	대학명
사회복지학과	연세대학교, 서울대학교, 동아대학교, 부산대학교, 국립순천대학교, 계명대학교 등
(아동)가족복지학과	상명대학교, 수원대학교 등
아동학부	경북대학교, 국립군산대학교, 동아대학교, 명지대학교, 대구가톨릭대학교, 서울여자대학교 등
행정복지학부	국립부경대학교, 조선대학교 등
그밖에	산림치유학과(가톨릭관동대학교), 장례지도학과(을지대학교), 청소년문화 · 상담학과(호서대학교), 보건의료복지학과(배재대학교) 등

사회복지학 Q & A

Q 이 전공은 어떤 분야인지 소개해 주세요.

A 사회복지학은 급격한 사회 변화 속에서 발생하는 다양한 문제를 해결하고, 보다 공정하고 평등한 사회를 만들기 위한 이론과 실천 방법을 연구하는 학문입니다. 이를 위해 학생들은 사회학, 심리학, 가족학 등 관련 분야에 대한 폭넓은 이해가 필요합니다. 최근에는 세계화와 국제 협력의 흐름에 발맞춰, 국제기구에서 활동할 수 있는 전문 인력 양성을 위한 교육과 훈련도 강화하고 있습니다.

Q 학생들은 구체적으로 무엇을 배우나요?

A 사회복지개론, 지역사회복지론, 사회복지법제론 등을 배우게 되며, 사회복지사, 직업상담사, 청소년상담사 등 다양한 자격 취득도 가능합니다.

Q 이 전공을 마친 후에는 어떤 진로로 나아갈 수 있나요?

A 지역사회복지관(장애인복지관, 아동복지관 등), 복지시설(아동복지시설, 노인복지시설 등), 사회복지직 공무원, 학교 및 연구소, 의료기관(정신보건사회복

지사 등), 상담기관(가정폭력상담소, 성폭력상담소 등), 국민연금관리공단, 건강보험관리공단 등 각종 사회단체, 기업복지재단 등 다양한 분야로 진출할 수 있습니다.

아동복지학 Q & A

Q 이 전공은 어떤 분야인지 소개해 주세요.

A 아동복지학은 아동이 건강하고 행복한 환경 속에서 정신적 · 신체적으로 조화롭게 성장할 수 있도록 돕는 이론과 실천 역량을 기르는 학문입니다. 학생들은 아동복지 정책과 서비스의 기획 · 운영에 필요한 전문 지식과 실제적 기술을 습득함으로써 이론과 실제에 능통한 전문가로 성장할 수 있습니다.

Q 학생들은 구체적으로 무엇을 배우나요?

A 가족관계론, 아동복지론, 아동언어와 문학, 보육학 등을 배우게 되면, 또한 보육교사, 청소년상담사 3급, 사회복지사 2급, 유치원 2급 정교사 등 자격 취득도 가능합니다.

Q 이 전공을 마친 후에는 어떤 진로로 나아갈 수 있나요?

A 방과후 아동지도사, 아동놀이치료사, 아동상담사, 국공립 어린이집보육교사 등이 될 수 있으며, 한국보육진흥원 및 보육 관련 연구소, 한국청소년상담복지개발원, 한국건강가정진흥원 등 아동 및 복지 관련 공공기관에 진출할 수 있습니다.

5. 사회학

전공 소개

사회학은 인간생활의 사회적인 조직이 지니는 질서와 변화의 참 모습을 구조적으로, 역사적으로 그리고 과학적으로 이해하려는 학문이라고 할 수 있다. 즉, 사회학은 미시적인 일상생활에서부터 거시적인 세계체계에 이르기까지 인간의 사회적 관계를 과학적인 방법으로 분석, 설명하고 성찰하는 것이며, 또한 사회의 다양하고 특수한 분야들에 대한 전문적 연구들을 수행함은 물론 현대 사회의 구조를 분석하고 미래의 변화상을 예측하는 일을 한다. 역사적으로 사회학은 급변하는 시대의 소산물로서 사회변동의 본질에 관심을 가짐과 동시에 그러한 변화의 소용돌이 속에서 생성 유지되는 사회질서의 참뜻을 파악하고자 노력해 왔다. 사회학이론, 사회학사, 사회사상사, 사회변동론, 사회발전론 등은 이러한 요구에 부응하고 있다. 또한 사회학방법론, 사회조사방법론, 사회통계학, 인구학 등은 이론적 지침에 의거한 체계적인 자료의 수집과 과학적 방법에 의한 정보 분석을 통해 사회의 복잡한 구조를 해석할 뿐만 아니라 사회 각 분야에서 정책결정 및 수행에 꼭 필요한 내용을 제공하는 데도 큰 기여를 하고 있다.

서울대학교 사회학과 홈페이지 전공 소개(https://sociology.snu.ac.kr/).

관련 학과

*도시사회학과 *사회학과 *정보사회학과 *미디어정보사회학과 *사회언론정보학부 *포교사회학부 *공공사회 · 통일외교학부 *이민 · 다문화전공 *사회혁신리더학과

개설 대학

학과명	대학명
도시사회학과	서울시립대학교 등
사회학과	국민대학교, 경상국립대학교, 영남대학교, 강원대학교, 서울대학교, 고려대학교 등
정보사회학과	숭실대학교 등
사회언론정보학부	동국대학교 등
사회혁신리더학과	루터대학교 등
공공사회 · 통일외교학부	고려대학교 등

사회학 Q & A

Q 이 전공은 어떤 분야인지 소개해 주세요.

A 사회학은 현대 사회에서 일어나는 다양한 사회 현상과 구조적 문제를 체계적으로 분석 · 연구하는 학문입니다. 학생들은 현대 사회가 직면한 갈등, 불평등, 변화 등을 이해하고 해결할 수 있는 지식을 습득하게 되며, 정치학, 경제학, 법학, 행정학 등 인접 사회과학 분야에 대한 폭넓은 학습을 통해 복잡한 사회 문제를 통찰하고 대응할 수 있는 전문 인재로 성장할 수 있습니다.

Q 학생들은 구체적으로 무엇을 배우나요?

A 경제사회학, 노동사회학, 문화사회학, 사회조사분석론 등을 배우게 되며, 이를 통해 사회조사분석사, 정책분석평가사 등 다양한 자격을 취득할 수 있습니다.

Q 이 전공을 마친 후에는 어떤 진로로 나아갈 수 있나요?

A 여론 조사 및 시장 조사기업, 사회조사연구소, 사회정책연구소, 또는 정보문화진흥원과 같은 사회 관련 공공기관 등 다양한 분야로 진출할 수 있습니다.

6. 법학

전공 소개

법학과에서는 법학개론 등 기초 과목에서부터 헌법, 민법, 형법, 상법, 행정법, 민사소송법, 형사소송법 등 각종 공무원 시험의 핵심과목과 지식재산권법, 노동법, 국제법 등 급격히 변화하는 사회현상에 적절히 대처할 수 있는 과목, 그리고 법의 근본적인 원리나 철학을 연구하는 과목으로 법철학, 법제사, 영미법 등을 배우게 됩니다. 이와 같은 법학과목들은 서로 엄격하게 구분되기도 하지만, 상호 조화를 이루어 긴밀한 관계를 유지하기도 하므로 어느 한 부분에 치중하여서는 안 됩니다. 즉, 법학과에서의 전공교육은 기초 교과목을 통하여 법학의 기본체계를 세우고 더 나아가 새로운 사회현상을 반영한 다양한 교과목을 심화 학습함으로써 사회에 필요한 인재로 거듭나기 위한 통합적 과정입니다.

경기대학교 법학과 홈페이지 전공 소개(https://www.kyonggi.ac.kr/dol/index.do).

관련 학과

*경찰법학과 *국제법무학과 *기업법학과 *법률전공 *법률행정학부 *법정학부 *법학과 *법행정경찰학부 *사법학과 *산업재산권학과 *지적재산권법학과 *항공우주법학과 *경찰법무전공 *금융법세법전공 *발명특허학과 *특수법무학과 *국제거래법전공 *과학기술법학과 *융합실무법학전공 *해사법학부

개설 대학

학과명	대학명
법학과	동국대학교, 명지대학교, 청주대학교, 한림대학교, 국립순천대학교, 국립부경대학교, 단국대학교 등

경찰법학과	목원대학교, 배재대학교, 계명대학교, 선문대학교, 중부대학교 등
국제법무학과	숭실대학교, 동아대학교, 광운대학교 등
법행정경찰학부	국립군산대학교, 백석대학교, 호서대학교 등
해사법학부	국립한국해양대학교 등

법학 Q & A

Q 이 전공은 어떤 분야인지 소개해 주세요.

A 법학은 법에 대한 이론적 · 실천적 지식을 바탕으로, 정의로운 법 질서를 이해하고 실천할 수 있는 민주시민을 양성하는 것을 목표로 합니다. 법학 공부를 위해서는 경제학, 정치학, 행정학, 사회학 등 다양한 학문에 대한 학습이 요구됩니다. 최근 법학은 국제적인 사회 문제에 대응할 수 있는 전문가 양성을 위한 세분화된 교육을 강화하고 있습니다.

Q 학생들은 구체적으로 무엇을 배우나요?

A 민법총칙, 상법총칙, 헌법, 형사소송법 등을 배우게 되며, 이를 통해 변리사, 법무사, 감정평가사, 손해사정사, 공인노무사, 공인중개사, 행정사, 변호사 등 다양한 자격을 취득할 수 있습니다.

Q 이 전공을 마친 후에는 어떤 진로로 나아갈 수 있나요?

A 법조인 외에도, 검찰직 공무원, 국가정보원, 일반행정공무원, 근로복지공단, 법률구조공단, 은행, 관세사, 법무사, 변리사, 변호사, 세무사, 공인중개사, 공인노무사 등이 될 수 있으며, 법 관련 연구소, 대한법률구조공단, 정부법무공단 등 공공기관으로 진출할 수 있습니다.

7. 정치외교학

전공 소개

정치외교학은 국가 간의 관계뿐만 아니라 사회와 개인 간의 관계를 연구하는 학문으로, 세계화, 디지털화, 민주주의의 위기 등 급변하는 시대에 정치와 사회를 이해하는 데 중요한 역할을 합니다. 성균관대학교 정치외교학과에서는 세계적인 교수진과 함께 최신 학문적 동향을 반영한 정치학의 이론과 철학, 그리고 사회과학 데이터 분석까지 아우르는 체계적이고 종합적인 커리큘럼을 제공하고 있습니다. 이러한 커리큘럼을 통해 학생들은 비교정치, 국제정치, 정치철학, 사회과학 방법론, 데이터 분석 등 다양한 분야에서 깊이 있는 지식을 습득할 수 있습니다.

성균관대학교 정치외교학과 홈페이지 전공 소개(https://skb.skku.edu/psd/index.do).

관련 학과

*정경학부 *정치언론학과 *정치사회학부 *정치외교학과 *정치학과 *정치행정언론학부 *정치행정학과 *통일정책학과 *군사학과 *통일학부 *정치미디어학과 *군사안보학과 * 국방안보학과 *국방안보드론학과 *글로벌정책학과

개설 대학

학과명	대학명
정치외교학과	경남대학교, 성균관대학교, 영남대학교, 성신여자대학교, 단국대학교, 서강대학교 등
정경학부	강남대학교 등
정치행정학과	한림대학교, 청주대학교, 동국대학교, 건국대학교 등
군사학과	동명대학교, 청주대학교, 영남대학교, 대구가톨릭대학교, 대전대학교, 조선대학교 등

정치외교학 Q & A

Q 이 전공은 어떤 분야인지 소개해 주세요.

A 정치외교학은 정치현상을 과학적으로 탐구하고 분석하여, 국내외 정치 및 국제 외교 분야에서 활동할 수 있는 전문 인력 양성을 목적으로 하는 학문입니다. 정치외교는 국제사회에서 영토 분쟁과 역사 분쟁으로 인한 국가 간 갈등을 해결하는 역할을 담당하며, 학생들은 국내외 정치적 · 국제적 현상에 대한 이론과 실제를 정치외교학과에서 공부합니다.

Q 학생들은 구체적으로 무엇을 배우나요?

A 외교정책론, 정치학개론, 국제정치 등을 배우게 되며, 이를 통해 외교관, 변호사, 행정공무원, 국제회의전문가, 무역사무원 등이 될 수 있습니다.

Q 이 전공을 마친 후에는 어떤 진로로 나아갈 수 있나요?

A 정치문화연구소, 국제협상전략연구소, 안보전략연구소 등의 연구기관이나 국립연구원, 통일연구원, 한국국방연구원과 같은 공공기관 무역 및 통상 관련 기업, 국회, 정당, 지방의회, 언론사, 시민단체 등 다양한 분야로 진출하게 됩니다.

8. 언론 · 방송 · 매체학

전공 소개

커뮤니케이션(communication)이란, 인간의 생존을 위해서 필수 불가결한 요소로서 개인은 물론, 한 사회를 형성, 유지, 발전시키는 근본 메커니즘이다. 현대 사회에서 커뮤니케이션의 중요성은 날로 커지고 있다. 언론과 정보 체계는 근대 사회가 성립되는 데 핵심적인 역할을 담당했고, 정보와 커뮤니케이션 기술의 혁명적 발달과 더불어 사회 전체의 커뮤니케이션 과정이 근본적으로 변하고 있다. 언론정보학과는 급변하는 기술적 · 사회적 변화 속에서 다양한 양태의 커뮤니케이션을 체계적으로 연구함으로써, 이 현상에 대한 깊은 이해와 커뮤니케이션 현상의 핵심적 매체인 신문, 방송, 인터넷 및 대중문화, 정보산업, 광고, 홍보 등 개별 분야의 창조적 기술과 이론을 연구하고 교육하는 것을 목표로 한다.

서울대학교 언론정보학과 홈페이지 전공 소개(https://communication.snu.ac.kr/).

관련 학과

*뉴미디어학과 *디지털미디어학과 *디지털영상매스컴학부 *매스컴학부 *매체정보학과 *미디어문예창작학과 *미디어문학부 *미디어창작과 *방송정보학과 *신문방송광고학부 *신문학과 *언론매체학과 *언론정보학과 *인터넷미디어학부 *정보관리학부 *정보미디어학과 *정보보호학과 *디지털영상정보학부 * 정보미디어학부 *영상극작과 *인터넷신문방송학과 *미디어창작학과 *공연미디어학과 *신문방송학과 *미디어콘텐츠학부 *영상크리에이터학과 등

개설 대학

학과명	대학명
미디어학과(부)	한양대학교, 고려대학교, 경희대학교 등

디지털미디어학과(부)	아주대학교, 명지대학교 등
미디어 커뮤니케이션학과(부)	강원대학교, 영남대학교, 중앙대학교, 국립부경대학교, 성균관대학교, 경상국립대학교, 전북대학교, 가천대학교, 단국대학교, 호남대학교, 호서대학교 등
미디어문예창작학과	고려대학교(세종), 신라대학교, 한서대학교, 경희사이버대학교 등
신문방송학과	서강대학교, 원광대학교, 청주대학교, 조선대학교, 국립부경대학교 등
언론정보학과	서울대학교, 충남대학교, 인하대학교 등

신문방송학 Q & A

Q 이 전공은 어떤 분야인지 소개해 주세요.

A 신문방송학은 급변하는 정보통신 기술 환경 속에서 신문과 방송을 넘어, 유튜브, OTT, 게임, SNS 등 다양한 미디어를 다루는 학문입니다. 이 전공에서는 미디어가 사회에 비치는 영향을 비판적으로 성찰하며, 건강하고 바람직한 미디어 문화 형성을 탐구하게 됩니다. 신문방송학과를 선택한 학생들은 콘텐츠를 기획하고 제작하며, 이를 분석, 평가할 수 있는 전문 역량을 갖추게 됩니다.

Q 학생들은 구체적으로 무엇을 배우나요?

A 매스컴원론, 취재보도론, 언론윤리, 언론법 등이 있으며, 이를 통해 멀티미디어콘텐츠제작전문가, 무대예술전문인, 방송통신기능사, 사진기능사, 사회조사분석사, 시간디자인기사 등의 자격증을 준비할 수 있습니다.

Q 이 전공을 마친 후에는 어떤 진로로 나아갈 수 있나요?

A 신문사, 방송국 같은 언론사, 광고기획사, 출판사, 인터넷 콘텐츠 기획 업체 등 민간기업뿐만 아니라, 한국방송광고공사, 한국방송영상산업진흥원 같은 공공기관에서 활약할 수 있습니다.

9. 행정학

전공 소개

행정학은 정부와 국민, 공공부문과 민간부문의 상호작용을 거시적인 관점에서 조망하며 정부의 바람직한 역할이 무엇인지를 묻고 나아가 다양한 국가운영의 제 분야를 효율적으로 관리하고 전체국가와 각 사회 부문 간의 균형적 발전 방향을 총체적으로 디자인하는 응용사회과학입니다. 특히 행정학은 '문제해결(problem solving)'에 초점을 맞춘다는 측면에서 여타 사회과학과 차별화됩니다. 우리 사회의 여러 분야에서 발생하는 문제를 정책이라는 도구를 사용하여 어떻게 하면 보다 효과적으로 해결할 수 있을지 고민하는 것이 바로 행정학의 역할입니다. 또한 행정학은 정부가 그 역할을 훌륭히 수행하기 위한 방법이 무엇인지를 알아내기 위해 인접학문들과 끊임없이 교류하는 다학제적(Interdisciplinary) 학문이기도 합니다. 행정학이 풀어야 하는 수많은 공공문제는 한 가지 측면만을 가진 단순한 문제가 아니라 여러 가지 측면을 가진 복잡한 문제들이며, 따라서 효과적인 문제해결을 위해서는 다양한 인접학문의 접목이 필요하기 때문입니다.

고려대학교 행정학과 홈페이지 전공 소개(https://kupa.korea.ac.kr/ko/index.do).

관련 학과

*행정학과 *경제행정학과 *경찰복지행정학부 *경찰소방행정학과 *경찰행정학과 *공공서비스학부 *국제통상행정과 *도시행정과 *병원행정학과 *보건행정학과 *부동산행정학과 *산업행정학과 *세무행정학과 *소방행정학과 *의료행정학과 *자치행정학과 *정책학과 *해양산업정책학부 *행정복지학부 *행정정책학과 *공공서비스학부 *교정행정학과 *공무원행정학부 *법무행정경찰학과 *사이버경찰보완학과 *해양산업정책학과 등

개설 대학

학과명	대학명
행정학과	고려대학교, 동아대학교, 경상국립대학교, 연세대학교, 서울시립대학교, 인천대학교 등
경찰행정학과	영상대학교, 동의대학교, 계명대학교, 청주대학교, 대구가톨릭대학교, 영남대학교 등
공공서비스학과(부)	조선대학교, 한세대학교 등
자치행정학과	충남대학교, 국립강릉원주대학교, 충북대학교 등
소방행정학과	서원대학교, 원광대학교, 호남대학교, 수원대학교, 동신대학교, 세한대학교 등

행정학 Q & A

Q 이 전공은 어떤 분야인지 소개해 주세요.

A 행정학은 바람직한 국가 경영을 위해 정부와 공공기관이 하는 역할에 대해 연구합니다. 또 중앙부처와 공기업 등 공공 분야의 효율적인 관리를 담당하는 행정 전문가를 양성합니다.

Q 학생들은 구체적으로 무엇을 배우나요?

A 행정학원론, 정책학, 지방행정, 공공관리론 등을 배우게 되며, 이를 바탕으로 공인노무사, 공인회계사, 관세사, 법무사, 변리사 등 다양한 자격을 취득할 수 있습니다.

Q 이 전공을 마친 후에는 어떤 진로로 나아갈 수 있나요?

A 행정고시를 통한 고위공무원, 일반직공무원, 법무사, 세무사, 회계사, 금융직 분야에서 활동할 수 있으며 지방행정연구소, 공공자치연구원, 한국행정연구원 같은 공공기관까지 다양한 분야로 진출할 수 있습니다.

10. 홍보학

전공 소개

광고홍보학은 기업, 정부, 비영리조직, 개인 등 다양한 커뮤니케이션 주체의 제반 커뮤니케이션의 문제를 전략적으로 분석하고 다양한 커뮤니케이션 수단을 통하여 공중 및 소비자와 소통하는 학문 분야라고 할 수 있다. 광고학의 출발은 '커뮤니케이션 현상'과 '마케팅에 대한 이해'이다. 이는 광고가 소비자의 심리를 적절히 읽어 내 상품을 효과적으로 팔 수 있게 하는 역할을 하기 때문이다. 이 외에도 광고와 홍보는 정치나 경제 · 사회 · 문화 등의 분야에서 다양한 형태로 생활의 필수품처럼 자리 잡고 있다. 또한 광고 시장의 급속한 성장과 맞물려 광고학 전문 인력에 대한 수요가 늘었다는 점도 관련 학과의 성장을 뒷받침한다. 광고홍보 대행사에서 광고 전문 기획자나 카피라이터로 활동하는 것이 일반적이다. [……] 신문사나 방송사 등에서 광고 담당자로 활약하는 사람도 많다. 사회가 분화 · 발전을 거치면서 특정 집단의 이익을 대변하고자 하는 이익 단체가 늘 것이므로, 광고와 홍보의 역할은 더욱 막강해질 전망이다.

동국대학교 광고홍보학과 홈페이지 전공 소개(https://social.dongguk.edu/page/235).

관련 학과

*광고학과 *광고홍보학과 *언론광고사회학부 *언론광고학과(부) *언론홍보학과(부) *산업광고심리학과 *미디어홍보학부 *정치언론홍보학과 *광고크리에이티브학부 *빅데이터광고마케팅학과 *스마트콘텐츠마케팅학과 *디지털영상마케팅학과 등

개설 대학

학과명	대학명
광고홍보학과	중앙대학교, 세명대학교, 한양대학교, 숙명여자대학교, 한림대학교, 청주대학교 등
언론홍보학과	제주대학교, 서울대학교, 인하대학교, 숭실대학교 등
언론광고학과	대구가톨릭대학교 등
디지털(영상)마케팅학과	고신대학교, 경남대학교, 안산대학교, 세종사이버대학교 등

언론홍보학 Q & A

Q 이 전공은 어떤 분야인지 소개해 주세요.

A 언론홍보학은 신문, 방송, 영상 매체, 정보통신 등 대중매체에 대해 연구하는 학문이며, 언론 · 방송 · 매체학은 커뮤니케이션 관련 문제와 그 해결 방안을 연구합니다. 언론홍보학과는 바람직한 미디어 문화와 대중매체의 발전에 기여하는 전문 인력 양성을 목표로 하고 있습니다.

Q 학생들은 구체적으로 무엇을 배우나요?

A 방송학개론, 디지털미디어 이론, 광고기획론, 저널리즘이론 등을 배우며, 이를 통해 멀티미디어콘텐츠제작전문가, 무대예술전문인, 방송통신기사 등 다양한 자격을 취득할 수 있습니다.

Q 이 전공을 마친 후에는 어떤 진로로 나아갈 수 있나요?

A 방송국, 인터넷 방송국, 신문사 등과 같은 언론사, 광보 · 홍보 기업, 한국방송광고공사, 한국방송영상산업진흥원 등과 같은 공공기관에 진출할 수 있습니다.

11. 금융 · 회계 · 세무

전공 소개

회계학과에서는 경영학도로서, 미래 경영전문가로서의 기본적인 지식과 능력을 갖출 수 있도록 일반 교양 과목 이외에도 회계학의 인접학문인 경제학, 경영학, 법학 등 경상대학의 핵심적 교과목을 골고루 수강하도록 하고 있으며 동시에 재무회계, 관리회계, 회계감사, 세무회계와 컴퓨터를 이용한 정보처리 및 시스템분석 등 정보화 · 산업화 · 세계화로 변화하는 복잡한 경제환경속에서 회계전문가로서 갖추어야 할 전문지식과 창조적 사고능력을 갖추도록 교육하고 있다. 특히 회계학과에서는 국가고시인 공인회계사 시험에 많은 합격자를 배출하기 위해 공인회계사반을 운영, 공인회계사 장학금지급, 학생특별지도 등을 하고 있으며, 그동안 많은 공인회계사를 배출함으로써 공인회계사 배출 명문대학으로 인정을 받고 있는 것은 자랑스러운 일이다.

동국대학교 회계학과 홈페이지 전공 소개(https://acc.dongguk.edu/main).

관련 학과

*경영세무학부 *경영회계학과 *경제보험금융학부 *금융세무학부 *금융보험학과 *회계학과 *세무회계학과 *통상회계학부 *회계정보학과 *금융자산경영학과 *부동산세무경영학과 *금융보험재무부동산학부 *금융경영학과 *금융자산관리학과 *금융정보학과 *국제금융통상학부 *경제금융학부 *재무투자정보학과 *핀테크학과 *빅데이터자산관리학과 등

개설 대학

학과명	대학명
경영회계학과(부)	국립한밭대학교, 국립경국대학교, 강원대학교 등

세무회계학과	인천대학교 등
회계학과	국립창원대학교, 국립순천대학교, 전북대학교, 청주대학교, 순천향대학교, 동국대학교 등
경제금융학부	한양대학교, 영남대학교, 상명대학교, 강원대학교, 순천향대학교, 계명대학교 등
금융경영학과	동의대학교, 상명대학교(천안) 등
핀테크학과	성균관대학교, 대전대학교, 성신여자대학교, 부산대학교, 백석대학교 등

회계학 Q & A

Q 이 전공은 어떤 분야인지 소개해 주세요.

A 회계학은 자원의 효율적 배분을 지원하는 회계정보를 과학적이고 체계적으로 산출, 해석하는 학문입니다. 회계학과는 미래의 경영 및 회계 변화도 예측할 수 있는 자질을 함양함으로써 유능한 회계 실무자를 양성하는 것에 교육 목표를 두고 있으며, 회계 관련 전문 지식과 자격을 갖춘 유능한 실무자 양성을 위한 교육과정을 운영합니다.

Q 학생들은 구체적으로 무엇을 배우나요?

A 재무회계, 관리회계, 원가회계, 회계감사 등을 배우며, 또한 공인회계사, 세무사, 손해사정사, 신용분석사, 전산회계운용사 등 다양한 자격을 취득할 수 있습니다.

Q 이 전공을 마친 후에는 어떤 진로로 나아갈 수 있나요?

A 공인회계사, 세무사, 감정평가사 등 전문 자격 취득 후 관련 분야에서 활동하거나, 일반 기업체 · 금융기관 · 정부투자기관을 비롯해 공무원, 교직 등 사회 각 분야로 폭넓게 진출하고 있습니다. 또한 대한무역투자진흥공사, 한국조폐공사, 지방자치단체 등의 공공기관에 진출할 수 있습니다.

세무회계학 Q & A

Q 이 전공은 어떤 분야인지 소개해 주세요.

A 세무회계학은 회계, 세무, 재경 분야에서 전문성을 갖춘 인재를 양성하는 것을 목표로 하는 학문입니다. 세무회계 관련 전문 지식 습득과 세무회계와 관련된 각종 자격증을 취득할 수 있도록 교과과정이 설계되어 있으며, 각종 자격증 취득은 물론, 산학연계, 인턴십, 국제교류 등 다양한 실무 중심 프로그램을 통해 실질적인 현장 역량을 강화하도록 교육합니다.

Q 학생들은 구체적으로 무엇을 배우나요?

A 세무회계, 원가회계, 재무회계, 회계감사 등의 교과목을 배우게 되며, 또한 공인회계사, 관세사, 세무사, 전자상거래관리사 등 다양한 자격을 갖출 수 있습니다.

Q 이 전공을 마친 후에는 어떤 진로로 나아갈 수 있나요?

A 관세사, 펀드매니저, 세무사, 손해사정사, 애널리스트, 회계사 등이 될 수 있으며, 증권사, 보험 회사, 무역 회사, 회계법인, 리서치 회사 등 기업 및 산업체, 또는 중앙정부 및 지방자치단체, 한국조폐공사, 대한무역투자진흥공사 등 정부 및 공공기관에 진출할 수 있습니다.

12. 국제학

전공 소개

국제학과는 국제정치, 국제경제, 국제경영 및 국제개발 협력 분야에 대한 융·복합적 교육과정, 자체 해외연수 프로그램, 국내외 인턴십, 기타 다양한 자기계발 및 봉사활동 프로그램을 통해 글로벌 시대를 선도하는 미래 국제전문가를 교육, 양성하는 것을 목표로 하고 있습니다. 이를 위해 전 과목이 영어로 운영되고, 다수의 해외 대학과 교류 및 전공 연수, 복수학위 협정을 체결해 학생들에게 종합적·통섭적 교육을 접할 기회를 제공하며, 국제기구, 다국적 기업, 언론 및 방송, 비영리단체(NGO), 공공기관 그리고 국내외 대학원 등에 진출하는 데 필요한 기술과 시각을 갖출 수 있게 하는 세계로 열린 교육, 세계를 품는 교육을 지향합니다.

경희대학교 국제학과 홈페이지 전공 소개(https://kic.khu.ac.kr/kic_kor/user/main/view.do).

관련 학과

*국제관계학과 *국제문화경영학부 *국제문화정보학과 *국제사회복지학과 *국제사회언론학부 *국제사회학부 *국제유엔학과 *국제학부 *국제협력학과 *해외개발학과 *글로벌학부 *언더우드국제학부 *국제협력학부 *동아시아국제학부 *국제거래관계학과 *국제문화콘텐츠학부 *글로벌지식학부 *정치국제학과 *국제개발협력학과 *글로벌서비스경영학부 *국제통상법학과 *국제상거래학과 *국제금융학부 *국제인문사회학부 등

개설 대학

학과명	대학명
국제학부	고려대학교, 한국외국어대학교, 한양대학교, 성신여자대학교, 이화여자대학교 등
국제개발협력학과	국립부경대학교, 신한대학교, 부산외국어대학교, 한동대학교, 수원대학교, 강원대학교 등
국제관계학과	서울시립대학교, 국립창원대학교, 선문대학교, 울산대학교, 한국해양대학교 등
국제통상학과	인하대학교, 경상국립대학교, 계명대학교, 인제대학교, 순천향대학교, 동서대학교 등
정치국제학과	중앙대학교 등

국제학 Q & A

Q 이 전공은 어떤 분야인지 소개해 주세요.

A 국제학은 국제통상, 국제개발협력, 국제평화안보, 지역학, 한국학 분야에 특화된 커리큘럼을 통해 이론과 실무를 겸비한 국제 전문 인재를 양성하며, 국제학 전공자는 졸업 후에 국제 감각을 갖춘 지역 전문가로 성장할 수 있습니다.

Q 학생들은 구체적으로 무엇을 배우나요?

A 국제관계학, 국제정치경제, 국제무역 등을 배우며, 이를 통해 관광통역안내사, 컨벤션기획사 등 자격 취득도 가능합니다.

Q 이 전공을 마친 후에는 어떤 진로로 나아갈 수 있나요?

A 무역 회사, 해외 현지 기업, 언론사, 금융 회사 등과 같이 기업체, 대외경제정책연구원, 대한무역투자진흥공사와 같은 공공기관 등 다양한 분야로 진출할 수 있습니다.

국제통상학 Q & A

Q 이 전공은 어떤 분야인지 소개해 주세요.

A 국제통상학은 상품과 서비스의 무역 실무 역량을 갖춘 국제통상전문가 양성을 목적으로 합니다. 글로벌 환경에 유연하게 대응할 수 있는 자질과 소양을 지닌 국제비즈니스 인재와 무역 실무 전문가를 배출함으로써, 지역사회와 국가, 국제사회에 기여합니다.

Q 학생들은 구체적으로 무엇을 배우나요?

A 국제경영학, 국제무역론, 국제통상교섭론 등의 교과목을 배우게 됩니다. 또한 경영지도사, 관세사, 물류관리사, 유통관리사 등 다양한 자격 취득도 가능합니다.

Q 이 전공을 마친 후에는 어떤 진로로 나아갈 수 있나요?

A 국제통상전문가, 국제금융딜러, 신문 · 방송 기자 경영컨설턴트, 관세사, 외교관, 애널리스트 등이 될 수 있고, 은행, 증권사, 컨설팅 회사 등과 같은 기업체뿐만 아니라 대한무역투자진흥공사와 같은 공공기관 등 다양한 분야로 진출할 수 있습니다.

13. 도시지역학

전공 소개

[……] 지역사회개발학과는 도시와 농촌을 아우르는 지역의 균형 발전을 목표로, 지역개발 및 계획, 공간경제분석, 자원 및 조직의 합리적 이용 등에 관한 학문적 이론과 실무적 응용 방법을 연구합니다. 특히 지역사회개발에 관한 계획 · 실행 · 평가 역량을 강화하여, 지역사회의 자원과 조직을 체계적으로 운영 · 발전시킬 수 있는 전문 인력을 양성하는 데 주력하고 있습니다. 지역 · 공간경제분석, 주택 및 토지정책, 공간개발 및 계획, 국제개발협력 등 폭넓은 교육 분야를 다루어 지역사회 문제에 대한 이론적 이해와 실무적 해결 능력을 함께 배양합니다. 통계 및 계량 프로그램(R, STATA, E-Views)과 지리정보시스템(GIS) 등을 활용하여 지역 및 공간 분석 역량을 높일 수 있는 심화 학습 기회를 제공합니다. 경제학, 교육학, 지리학, 경영학, 사회학, 도시공학 등과 연계된 학제 간 융합 교육을 통해 폭넓은 시각과 융합적 사고를 기를 수 있습니다.

국립공주대학교 지역사회개발학과 홈페이지 전공 소개(https://rd.kongju.ac.kr/rd/index.do).

관련 학과

*농촌개발학과 *도시계획학과 *도시및지역개발학과 *지역개발정보학과 *지역개발학과 *지역사회개발학과 *행정도시지정학부 *지역사회과학부 *도시재생학과 *로컬크리에이터학과 등

개설 대학

학과명	대학명
도시계획학과	단국대학교, 가천대학교, 동신대학교, 경성대학교 등
지역사회개발학과	전남대학교, 국립공주대학교, 국립목포대학교, 평택대학교, 협성대학교 등
로컬크리에이터학과	경남대학교 등

지역개발학 Q & A

Q 이 전공은 어떤 분야인지 소개해 주세요.

A 지역개발학은 지리학과 경제학을 바탕으로 토지, 주택, 교통, 환경 등 다양한 지역 문제를 분석하고 해결할 수 있는 이론과 방법을 연구하며, 지역사회는 물론 아프리카 등 개발도상국의 발전에 기여할 국제적이고 실용적인 전문인력 양성을 목표로 합니다.

Q 학생들은 구체적으로 무엇을 배우나요?

A 지역사회개발론, 도시 및 지역경제론 등을 배우게 되며, 이를 기반으로 교통기사, 도시계획기사, 주택관리사 등 다양한 자격을 취득할 수 있습니다.

Q 이 전공을 마친 후에는 어떤 진로로 나아갈 수 있나요?

A 민간기업과 금융기관의 개발사업 부서, 부동산 투자 · 관리 분야뿐 아니라 교통문제연구소, 지역사회연구소, 한국건설관리공사 등 다양한 공공기관으로도 진출할 수 있습니다.

제5장

대학 전공 알아보기: 자연계열

자연계열은 자연현상의 원리를 탐구하고 새로운 법칙을 발견하는 등 자연과학에 기반한 학문 분야입니다. 대표적으로, 산림 · 원예학, 지구지리학, 생물학, 수학, 식품영양학, 동물수의학, 물리 · 과학, 의류 · 의상학, 생명과학, 농업학, 통계학, 자원학, 화학 등 다양한 전공이 포함됩니다. 자연과학에 관심이 많다면 자연계열 전공을 주목할 필요가 있으며, 각 전공에 대한 보다 구체적인 정보는 관련 기관의 공식 홈페이지를 확인해 보기 바랍니다.

일러두기

1. 전공 분류: 『2024 학과(전공) 분류 자료집』(임소현 외, 2024)의 분류에 따름.
2. 전공 소개: 대학 홈페이지에서 일부 발췌함.
3. 관련 학과: 『2024 학과(전공) 분류 자료집』(임소현 외, 2024)에서 발췌, 정리함.
4. 개설 대학: 대학 홈페이지에서 확인, 정리함. (2025년 기준)
5. 전공 Q & A: 커리어넷의 학과정보 및 대학 학과 홈페이지 참고, 새롭게 조사, 정리함.

1. 산림 · 원예학

전공 소개

원예학은 모든 농업의 종합적인 이론과 지식의 집약에 의해 자생된 농학의 결정체라 할 수 있다. 건강한 식생활을 위한 채소 및 과수작물, 아름답고 쾌적한 생활환경을 위한 화훼류 및 관상식물을 연구하는 학문이다. 원예학과는 원예 분야의 전문적 이론과 기술을 교수 · 연구함으로써 원예 산업에 적극적으로 참여할 수 있는 전문 경영인을 육성하고, 과학적 훈련과 탐구를 통하여 국가와 지역농업의 특성화 및 선진화에 기여할 수 있는 인격과 연구 능력을 갖춘 유능한 연구자 및 지도자 양성을 목표로 하고 있다.

국립순천대학교 원예학과 홈페이지 전공 소개(https://www.scnu.ac.kr/horti/main.do).

관련 학과

*관상원예학과 *산림자원학과(부) *산림경영학과 *식량원예과학과 *원예과학과 *원예식물생명공학전공 *원예육종학과 *원예조경산림자원학부 *원예조경학부 *원예환경학부 *임산학과 *화훼원예과 *환경원예조경학과 * 환경임산자원학부 *애완산업학부 *플라워디자인학과 *산림환경학전공 *생명환경디자인학부 *바이오산업학과 *목재응용과학과 *산림환경보호학과 *농업식물과학과 *식물자원환경화학부 *스마트팜과학과 *스마트그린케어학과 *산림생태보호학과 등

개설 대학

학과명	대학명
원예(과학)과	강원대학교, 국립순천대학교, 전북대학교, 경상국립대학교, 국립공주대학교, 충남대학교 등
원예육종학과	국립경국대학교, 중앙대학교 등

산림자원학과(부)	전남대학교, 강원대학교, 영남대학교, 국립목포대학교, 국립순천대학교 등
산림환경학전공	서울대학교 등
산림환경보호학전공	강원대학교 등
스마트팜과학과	경희대학교 등

원예학 Q & A

Q 이 전공은 어떤 분야인지 소개해 주세요.

A 원예학은 과수, 채소, 화훼 등 다양한 작물의 재배와 활용을 배우고, 자연을 아름답고 쾌적하게 디자인하는 전문가를 길러 내는 전공입니다. 최근에는 바이오 공학 기술의 발전으로 식물 조직 배양, 산림 바이오매스 활용, 숲의 치유 기능 등 원예와 산림이 융합된 연구를 활발히 진행되고 있으며, 환경 문제해결에도 기여하고 있습니다.

Q 학생들은 구체적으로 무엇을 배우나요?

A 시설원예학, 원예작물생리학, 조경학원론 등 식물 생리와 환경 조성에 관련된 다양한 과목을 학습하게 됩니다. 이를 기반으로 종자산물품질관리기사, 산림경영기사, 산림공학기사, 시설원예기사, 식물보호기사, 원예치료사 등 다양한 전문 자격증 취득도 가능합니다.

Q 이 전공을 마친 후에는 어떤 진로로 나아갈 수 있나요?

A 식물원, 조경 회사, 펄프 · 제지 회사, 자연 및 생태계 복원 업체 등 다양한 산업체에 진출할 수 있으며, 농림축산식품부, 농촌진흥청, 국립식물검역소, 농업기술원, 농수산유통공사, 농수산물품질관리원, 한국담배인삼공사, 농업기술센터, 한국주택공사, 국립공원관리공단 등 공공기관에서도 활약할 수 있습니다. 또한 농업 관련 업종(농약 회사, 비료 회사, 육종연구소, 골프장 등)에 진출하여 전문성을 발휘할 수 있습니다.

산림자원학 Q & A

Q 이 전공은 어떤 분야인지 소개해 주세요.

A 산림자원학은 한정된 자원을 효율적이고 친환경적인 방식으로 활용하는 것을 배우는 학문이며, 목재를 비롯한 임산물과 산림 생태계의 변화에 대한 과학적 이해를 바탕으로 지속 가능한 산림 관리와 자연과의 조화를 핵심가치로 두고 전문인을 양성하는 학문 분야입니다.

Q 학생들은 구체적으로 무엇을 배우나요?

A 산림문화사, 산림생태학, 산림경제학 등 산림과 생태계 전반을 이해하는 데 필요한 과목들을 배우게 되며, 이를 통해 산림기사, 생물분류기사, 유아숲지도사, 자연생태복원기사 등 실무 중심의 자격증 취득도 가능합니다.

Q 이 전공을 마친 후에는 어떤 진로로 나아갈 수 있나요?

A 산림청, 지방산림관리청, 환경부, 지자체, 산림조합, 국립자연휴양림사무소, 국립공원관리공단 등 공공기관, 국립산림과학원, 국립수목원, 산림박물관, 도별환경연구원 등 연구기관, 목재무역 관련 종합상사, 펄프 및 제지 회사, 가구회사, 목재 및 목질 재료 제조 회사 등 산업체, 그리고 산림관리사, 산림보호원, 산림치유지도사, 숲해설사와 같은 전문직으로 활동할 수 있습니다.

2. 지구 · 지리학

전공 소개

지리학은 공간상에서 일어나는 다양한 현상을 공간적 시각으로 탐구하는 통합적 종합과학이다. 지리학은 경제, 교통, 사회, 문화, 정치, 지형, 기후, 생물과 같은 현상들이 공간상에서 어떻게 분포하고 있으며, 어떤 과정을 통해 형성 · 발전되어 가는지 연구한다. 공간상에서 일어나는 현상에 대한 관심과 탐구는 인류의 장구한 역사와 함께한 과정이며, 현대 지리학은 이러한 복잡한 현상을 분석하고 해석하기 위해 다양한 연구방법을 시도하고 있다. 특히 공간정보를 수집, 탐색, 관리, 분석하는 GIS(Geographical Information Science)는 정보기술의 발전에 따라 비약적으로 성장하여, 현대 사회에 필수적인 핵심 IT기술로 자리 잡았다. 자연과 인문, 그리고 정보과학을 포괄하는 지리학의 특수성을 활용하여 지리학자들은 복잡성으로 대표되는 현대 사회의 다양한 문제를 해결하고, 일상생활 속에서 지리정보를 쉽게 사용할 수 있게 하며, 인류를 위한 살기 좋은 공간을 만들어 내는 시대적 소명에 앞장서고 있다.

경희대학교 지리학과 홈페이지 전공 소개(https://geo.khu.ac.kr/geo/user/main/view.do).

관련 학과

*응용지질학과 *지구과학과 지구환경과학부 *지구시스템공학과 *지구정보과학과 *지구해양과학과 *지리학과 *지적정보학과 *지질환경과학과 *공간정보학과 *환경지질학 *위치정보시스템학과 등

개설 대학

학과명	대학명
지구환경과학과(부)	고려대학교, 서울대학교, 전남대학교, 충북대학교, 전북대학교 등
지질(환경)과학과	경상국립대학교, 충남대학교, 부산대학교, 국립부경대학교, 국립공주대학교 등
지구해양과학과	제주대학교 등
지리학과	경희대학교(자연과학대학), 경북대학교, 서울대학교, 전남대학교 등(사회과학대학) *지리학과는 인문지리, 자연지리 등 학문의 성격에 따라 소속 단과대학이 다를 수 있음

지구환경과학 Q & A

Q 이 전공은 어떤 분야인지 소개해 주세요.

A 지구환경과학은 지구의 형성과 변화 과정을 과학적으로 분석하고, 지각 구성물질, 대기와 해양의 순환 에너지 흐름 등을 종합적으로 이해하여 미래의 환경 변화를 예측하는 데 목적을 둔 학문입니다.

Q 학생들은 구체적으로 무엇을 배우나요?

A 지구환경과학, 기후학개론, 지구시스템진화, 해양학 등 다양한 과목을 학습하게 됩니다. 이와 함께 대기환경기사, 수질환경기사, 자연생태복원기사, 토양환경기사, 폐기물처리기사 등 환경 관련 자격증을 취득할 수 있는 준비도 할 수 있습니다.

Q 이 전공을 마친 후에는 어떤 진로로 나아갈 수 있나요?

A 상수도기술자, 수질환경연구원, 토양환경기술자, 환경설비기술자, 환경위생검사원 등 환경 관련 전문직으로 진출할 수 있습니다. 또한 지질자원연구원, 한국해양과학기술원, 환경연구원, 한국광물자원공사, 한국석유공사 등 국책연구소와 공공기관에서도 활동할 수 있는 기회가 풍부합니다.

3. 생물학

전공 소개

생물학은 생명현상에 대한 기본지식과 다양한 생명시스템 연구를 유기적으로 융복합한 21세기형 학문이다. '생물학'은 생명의 원리 및 현상을 이해하고 해석할 수 있도록 분자 생물학, 동물발생학, 동물분류학, 식물분류학, 조류학, 유전학, 생화학, 미생물학 및 생물정보학 등 분자 및 세포수준에서부터 개체의 수준, 궁극적으로 지구 생태계에 이르기까지 다양한 생명과학 분야들이 서로 협력하여 생명현상의 근본 원리를 이해하고 탐구하는 학문이다. 생물학은 생명현상에 대한 기본지식과 다양한 생명시스템 연구를 바탕으로 교육과 연구에 있어서 보다 유기적인 21세기형 융복합 연구 분야이다. 생물학은 연구 대상에 따라 크게 동물학, 식물학, 미생물학 등으로 분류하고, 연구 방법 및 분야에 따라 유전학, 발생학, 분자생물학, 생화학, 계통분류학, 생리학, 진화학, 세포학, 유전공학 등으로 나눌 수도 있다.

충북대학교 생물학과 홈페이지 전공 소개(https://biology.chungbuk.ac.kr/).

관련 학과

*농생물학과 *미생물학과 *보건생화학과 *분자과학기술학과 *분자생물학과 *생물과학과 *생물학과 *생물해양학부 *생물환경과학부 *생화학과 *식물육종학과 *응용생물학과 *응용생물과학부 *응용생물학과 *응용식물학부 *해양생물자원학과 *생물의약학과 *식물의학과 *분자생물학부 *친환경식물학부 *의약바이오학부 *곤충생명과학과 등

개설 대학

학과명	대학명
생물학과	경희대학교, 경북대학교, 전남대학교, 충북대학교, 국립창원대학교, 국립강릉원주대학교 등
미생물학과	부산대학교, 국립부경대학교, 계명대학교, 단국대학교 등
곤충생명과학과	경북대학교 등
해양생물자원학과(부)	국립군산대학교, 경상국립대학교 등

생물학 Q & A

Q 이 전공은 어떤 분야인지 소개해 주세요.

A 생물학은 유전자의 분자 구조에서부터 생태계 전체의 상호작용에 이르기까지 생명의 본질을 과학적으로 접근하며, 이를 통해 생명과학 분야의 전문성을 갖춘 인재를 양성하는 것을 목표로 하는 학문입니다.

Q 학생들은 구체적으로 무엇을 배우나요?

A 생태학 및 실험, 세포막생화학, 유전학, 자원식물학 등 생명체의 구조와 기능, 그리고 환경과의 관계를 다루는 과목을 배우게 되며, 이를 통해 생물공학기사, 생물분류기사, 수질환경기사, 식물보호기사, 자연생태복원기사 등 관련 자격증을 취득할 수 있습니다.

Q 이 전공을 마친 후에는 어떤 진로로 나아갈 수 있나요?

A 대학원 진학을 비롯해 대기업 생명공학연구소, 의학 · 제약 회사, 병원, 식품 · 화장품 분야 등에서 전문 인력으로 활동할 수 있습니다. 또한 곤충학자, 수목보호기술자, 유전공학연구원 등 생명과학 관련 전문 연구원으로 진로를 선택하거나, 교원자격증 취득 후 교사로 활동할 수도 있습니다. 아울러 한국생명공학연구원, 한국과학기술정보연구원 등 주요 공공기관에서도 폭넓게

활약할 수 있습니다.

미생물학 Q & A

Q 이 전공은 어떤 분야인지 소개해 주세요.

A 미생물학은 세균, 균류, 조류, 원생동물, 바이러스 등 지구상 거의 모든 환경에 존재하는 다양한 미생물을 연구하며, 이들을 분류하고 생명 현상의 원리를 탐구함으로써 생명체의 근본적인 작동 방식을 이해하는 것을 목표로 하는 학문입니다.

Q 학생들은 구체적으로 무엇을 배우나요?

A 세균학, 바이러스학, 진균학, 병원미생물학 등 과목들을 학습하게 됩니다. 또한 생물공학기사, 임상병리기사, 생물분류기사 등 관련 자격증을 취득할 수 있어 실무 역량을 함께 강화할 수 있습니다.

Q 이 전공을 마친 후에는 어떤 진로로 나아갈 수 있나요?

A 제약 회사, 식품 회사, 생명공학 벤처기업 등 바이오산업 분야는 물론, 식품의약품안전처, 한국환경수도연구원, 국립환경생태원, 환경보건기술연구원, 국립보건연구원, 국립과학수사연구원, 질병관리본부, 국제결핵연구소, 수자원공사 등 정부 기관 및 정부연구기관에서도 활동할 수 있습니다.

4. 수학

전공 소개

수학은 수와 함수 그리고 공간 등을 연구하는 학문으로 그 자체로서 흥미롭고 가치를 지닐 뿐만 아니라, 수학의 엄격한 논리체계 및 사물을 인식하고 이해하는 방법은 모든 과학의 언어로서 자연과학, 공학은 물론, 인문과학과 사회과학 등에 이르기까지 광범위하게 응용된다. 예를 들어, 가장 난해하고 추상적이라 여겨지는 정수론과 논리학도 오늘날에는 전산학이나 암호론 등에서 일상적으로 사용되고 있다. 이와 같이, 불과 50년 전에는 응용될 수 없는 것 같아 보이던 순수수학 이론들도 오늘날에는 자동화된 구조의 제어, 위성으로부터의 데이터 전달, 재무기록의 보호, 계산을 위한 효율적인 알고리즘 등과 같은 응용 분야에 꼭 필요한 전제 조건이 되고 있다. 이뿐만 아니라, 수학은 물리학, 화학, 생물학 등의 자연과학과 행동과학 사회과학 등에 널리 응용되고 있으며, 이러한 과학 분야의 요구에 의하여 계속해서 새로운 수학 분야들이 생겨나고 있다.

경희대학교 수학과 홈페이지 전공 소개(https://maths.khu.ac.kr/maths/user/main/view.do).

관련 학과

*수리정보통계학부 *수학물리학부 *수학과 *수학정보통계학부 *수학정보학과 *응용수리학부 *전산수학과 *컴퓨터수리정보학과 *컴퓨터응용수학과 *수학화학부 *전산수학콘텐츠학과 *수리과학과 *컴퓨터수학과 *응용수리과학부 *수리빅데이터학부 *AI수리학과 *데이터응용수학과 등

개설 대학

학과명	대학명
수학과	성균관대학교, 인하대학교, 강원대학교, 부산대학교, 한양대학교, 서울여자대학교 등
수리과학과(부)	한국과학기술원(KAIST), 국립한밭대학교, 포항공과대학교(POSTECH) 등
그밖에	응용수리과학부[고려대학교(세종) 등], 수학물리학부(국립강릉원주대학교 등)

수학 Q & A

Q 이 전공은 어떤 분야인지 소개해 주세요.

A 수학은 수학적 사고와 논리적 분석을 바탕으로 현대 기술사회에서 발생하는 복합적인 문제를 해결할 수 있는 인재를 양성하는 학문이며, 수학적 창의성과 추상적 사고력 함양에 중점을 두고 있습니다.

Q 학생들은 구체적으로 무엇을 배우나요?

A 기하학, 대수학, 해석학, 수치해석 등 수학의 이론적 기초부터 응용 분야까지 학습하며, 이와 함께 보험계리사, 사회조사분석사, 손해사정사 등 실무와 관련된 자격증을 준비할 수도 있습니다.

Q 이 전공을 마친 후에는 어떤 진로로 나아갈 수 있나요?

A 금융자산운용가, 보험관리자, 수학교사 등 다양한 직업으로 진출할 수 있으며, 증권 회사, 은행, 데이터 분석 및 정보처리업체, 리서치 기관 등 민간기업은 물론, 국가수리과학연구소, 한국기초과학지원연구원 같은 공공기관에도 진출할 수 있습니다.

5. 식품영양학

전공 소개

식품영양학은 식생활을 통해 인간의 건강을 증진하고, 삶의 질을 향상시키는 것을 목표로 하는 학문입니다. 식품영양학은 안전, 건강, 기호의 모든 측면에서 소비자를 만족시키는 식품의 개발단계에서부터 이를 제공하고 분배하는 체계, 나아가 이러한 식품의 섭취가 건강에 미치는 영향에 이르기까지의 전 과정을 연구하는 융합 응용학문입니다. 식품영양학과에서는 이와 같은 식생활 전반에 관한 과학적 지식을 생산하고 과학적 근거에 기반한 현장 적용에 대해 연구하고 교육합니다. 현대 사회의 급격한 사회적 · 기술적 · 환경적 변화는 새로운 식생활 환경을 초래하였으며, 이로 인하여 인간의 건강과 삶의 질에도 큰 영향을 미치고 있습니다. 식품영양학과의 교육 목표는 급변하는 생활환경에서 직면하는 식생활의 현실적 문제를 해결하고 나아가 건강과 삶의 질을 향상시키기 위해 식품학과 영양학의 학문적 토대 위에서 기초과학적인 역량, 창의적 융합역량, 종합적 사고역량, 소통협력역량을 갖춘 인재를 양성하는 것입니다.

서울대학교 식품영양학과 홈페이지 전공 소개(https://foodnutrition.snu.ac.kr/).

관련 학과

*식품가공학과 *바이오식품공학과 *생물식품공학부 *생산가공공학과 *수산식품가공학과 *식품과학과 *식품화학공학부 *식품산업학부 *식품생명공학과 *식품생명영양학부 *식품영양가공학부 *식품영양학부 *식품조리학부 *영양학과 *조리과학 *호텔외식조리학과 *조리학부 *한방식품과학부 *호텔외식산업학과 *한방바이오식품과학과 *케이터링학과 *동물식품응용과학과 *와인발효식품학과 *식품바이오소재과학과 *식품패키징외식학부 *항공식품전공 *식품유통공학과 *스마트푸드테크학과 *항공호텔조리학부 *푸드케어학부 *스포츠웰빙학부 *호텔조리베이커리학과 등

개설 대학

학과명	대학명
식품영양학과(부)	연세대학교, 부산대학교, 전주대학교, 수원대학교, 동아대학교, 국립순천대학교 등
식품생명공학과	성균관대학교, 인제대학교, 국립군산대학교, 서울대학교, 경희대학교, 서울과학기술대학교 등
호텔외식조리학과	극동대학교, 부천대학교, 동서울대학교, 우송대학교, 서원대학교, 우석대학교 등

식품영양학 Q & A

Q 이 전공은 어떤 분야인지 소개해 주세요.

A 식품영양학은 식품의 생산부터 소비까지를 다루는 식품학과 인체 내 영양소의 생리적 · 생화학적 작용을 연구하는 영양학을 중심으로 교육 과정을 구성하여, 국민의 건강 증진과 보건 향상에 기여할 수 있는 전문 인재를 양성하는 것을 목표로 하는 학문 분야입니다.

Q 학생들은 구체적으로 무엇을 배우나요?

A 기초영양학, 식품가공학, 식품미생물학, 식품학 등 다양한 과목을 학습하게 되며, 이와 함께 식품가공기능사, 식품산업기사, 영양사, 위생사, 한식조리기능사 등 다양한 국가 자격증을 취득할 수 있습니다.

Q 이 전공을 마친 후에는 어떤 진로로 나아갈 수 있나요?

A 급식경영자, 식품영양전문가, 식품개발전문가 등으로 활동할 수 있으며, 외식업체(CJ푸드빌, 대한항공 기내식사업부, 삼성에버랜드 등), 호텔, 단체급식업체, 식품연구소(CJ식품연구소, 생명과학연구소, 빙그레 R&D 등), 방송기관, 식품 · 제약 관련 기업 등 다양한 산업체로 진출할 수 있습니다. 또한 질병관리청, 농촌진흥청, 식품의약품안전처 등 식품과 보건 관련 공공기관에서도 활약할 수 있는 진로가 마련되어 있습니다.

6. 동물 · 수의학

전공 소개

수의학은 동물의 질병을 진단 및 치료하고 예방하여 인간과 동물 삶의 질을 향상시키고, 산업동물의 건강을 감시 · 예방하고, 생명과학 발전의 근간이 되며, 환경보존에 기여하는 등 현대 사회의 광범위한 분야 발전에 꼭 필요한 학문 분야입니다. 현대 사회는 수의학의 전통적인 역할뿐만 아니라 식품위생과 안전, 생물학적 위해로부터의 보호방어, 인수공통 감염병에 대한 방어, 생물다양성의 보전 등 보다 다양한 분야에 수의학적 지식과 기술을 필요로 하고 있습니다. 수의학은 인간, 동물, 환경의 접점에서 보다 많은 역할을 감당하고 있습니다.

서울대학교 수의학과 홈페이지 전공 소개(https://vet.snu.ac.kr/).

관련 학과

*수의예과 *응용동물과학과 *애완동물학과 *동물건강관리학과 *동물과학부 *수의학과 *동물생명자원과학과(부) *동물자연보호학과 *동물바이오헬스학과 *동물보건학과 *펫산업학과 *동물보건생명과학과 등

개설 대학

학과명	대학명
동물생명자원과학과(부)	부산대학교, 강원대학교, 충남대학교, 전북대학교, 전남대학교 등
수의학과	충북대학교, 서울대학교, 전북대학교, 강원대학교, 충남대학교, 경상국립대학교 등
동물보건학과	세명대학교, 원광대학교, 대구가톨릭대학교, 중부대학교, 동명대학교, 대구한의대학교 등
응용동물과학과	강원대학교, 경상국립대학교 등

동물자원학 Q & A

Q 이 전공은 어떤 분야인지 소개해 주세요.

A 동물자원학은 가축을 비롯한 다양한 동물자원의 생산, 가공, 활용에 관한 이론과 실험을 바탕으로, 활용 가능한 자원의 범위를 확장할 수 있는 동물자원 전문가를 양성하는 학문입니다.

Q 학생들은 구체적으로 무엇을 배우나요?

A 동물육종학, 동물생화학, 동물생리학, 동물생명과학 등 동물의 생명 현상과 자원 활용에 필요한 과목들을 폭넓게 배우게 되며, 가축인공수정사, 생물분류기사, 인공수정사 및 수정란이식사, 자연생태복원기사, 축산기사 등 다양한 자격증 취득도 가능합니다.

Q 이 전공을 마친 후에는 어떤 진로로 나아갈 수 있나요?

A 농업 특성화 교사, 농축산직 공무원, 동물자원과학연구원, 방역사, 야생동물연구사, 축산물등급판정사 등 전문 직종으로 진출할 수 있으며, 동물 약품, 가축 육종, 축산 기자재, 축산 식품 관련 기업, 농협 · 축협 · 수협과 같은 협동조합, 자원공학연구소, 농림축산식품부, 국립축산과학원 등 다양한 공공기관에서 활동할 수 있습니다.

7. 물리 · 과학

전공 소개

17세기 후반 뉴턴이 『자연철학의 수학적 원리(The Mathematical Principles of Natural Philosophy)』(1687)를 출판한 이래로 자연현상을 기술하는 일반원리를 구성하고, 그것을 수학적인 언어로 표현하고자 하는 물리학자들의 노력은 인간 지성에 대한 지속적인 발전으로 이어져 왔습니다. 그 탐구의 대상은 원자를 구성하는 핵자들의 기본 구성 체계에서 전 우주의 시공간 체계를 포괄하고 있습니다. 양자역학과 상대성이론의 발전을 토대로 한 현대의 물리학은 자연을 이해하는 근본 과학으로서의 역할을 수행하기도 하지만, 현대와 미래의 문명사회를 구성하는 기술의 발전에도 중요한 기여를 하고 있습니다. 예를 들어, 반도체를 비롯한 전자공학 분야, 원자력 및 태양광 등의 에너지 과학에서 물리학의 역할은 긴요하며, 이에 따라 물리학도들의 역할이 기대되고 있습니다.

울산과학기술원(UNIST) 물리학과 홈페이지 전공 소개(https://physics.unist.ac.kr/).

관련 학과

*과학사회학과 *나노과학기술학과 *나노과학부 *물리학과 *물질과학부 *응용과학부 *전산전자물리학과 *첨단과학부 *컴퓨터물리학과 *테크노과학부 *디지털물리학과 *정보디스플레이학과 & 전자물리학부 *신소재물리학과 *물리천문학부 *나노물리학과 *물리반도체과학부 *에너지과학과 *데이터정보물리학과 등

개설 대학

학과명	대학명
물리학과	인하대학교, 성균관대학교, 부산대학교, 서울시립대학교, 경희대학교, 고려대학교, 서강대학교 등

물리천문학부	서울대학교 등
데이터정보물리학과	국립공주대학교 등
나노(융합)과학부	이화여자대학교, 한양대학교 등
신소재물리학과	동아대학교 등
에너지과학과	경성대학교, 성균관대학교 등

물리학 Q & A

Q 이 전공은 어떤 분야인지 소개해 주세요.

A 물리학은 자연 현상의 본질을 탐구하고 그 법칙을 규명하여, 이를 첨단 과학기술 분야에 응용할 수 있는 인재를 양성하는 데 목적을 두고 있습니다. 물리학과에서는 관찰과 실험을 통해 복잡한 자연 현상을 간결한 법칙으로 설명하는 방법을 학습합니다.

Q 학생들은 구체적으로 무엇을 배우나요?

A 양자역학, 양자광학, 열물리학, 입자물리학 등 물리학의 이론적 기반이 되는 핵심 과목들을 이수하며, 이와 관련하여 방사선비파괴검사기사, 원자력기사, 에너지관리사, 변리사 등 다양한 분야의 전문 자격증도 취득할 수 있습니다.

Q 이 전공을 마친 후에는 어떤 진로로 나아갈 수 있나요?

A 반도체, 전기, 전자, 디스플레이 등 물리학과 밀접한 분야는 물론, 컴퓨터 · 전산 · 금융 등 논리적 사고와 추론이 요구되는 영역으로도 진출할 수 있습니다. 또한 과학기술정보통신부, 과학기술정책연구원, 국방과학원, 기상연구소, 원자력연구소, 전자기술연구소, 표준과학연구원, 기초과학연구원 등 기초과학 및 과학정책 관련 공공기관에서도 활약할 수 있습니다.

8. 의류 · 의상학

전공 소개

의상디자인은 미래지향적이고 융합적인 사고를 바탕으로 미적 감성, 기술적 표현능력, 논리적 분석능력을 바탕으로 창의적인 패션을 만들어 내는 디자인이다. 국제화 시대의 부가가치산업인 패션업계를 이끌어 갈 패션 전문 인력 양성을 목적으로 하며, 다양한 체험을 통하여 풍부한 상상력을 개발하고 사물에 대한 관찰력과 표현능력 및 창의적 사고의 시각화 능력을 기르며 의복구성 능력과 합리적 의사결정 능력을 배양함으로써 시대적 감각을 지닌 지적 · 미래지향적 패션 전문인을 양성하는 데 목표를 둔다. 특히 졸업 작품 발표회와 전시회, 산학협동 디자인 및 상품기획 프로젝트 등의 다양한 활동을 통해 사회진출을 위한 실무기회를 갖는다.

덕성여자대학교 의상디자인전공 홈페이지 전공 소개(https://www.duksung.ac.kr/fashion/main.do).

관련 학과

의류산업학과 *의류상품학과 *의류직물학과 *의류패션학부 *의류학과 *의류환경학과 *의상섬유학부 *패션디자인학과 *의생활학과 *패션예술학과 *패션마케팅전공 *패션마케팅학과 *실크패션학과 *의류디자인학과 등

개설 대학

학과명	대학명
의류학과	서울대학교, 한양대학교, 전북대학교, 인천대학교, 부산대학교, 충북대학교, 충남대학교 등

의류산업학과	이화여자대학교, 성신여자대학교, 한경국립대학교, 서울여자대학교 등
의상디자인학과	국민대학교, 덕성여자대학교, 건국대학교 등
의류디자인학과	인하대학교 등
패션디자인학과	국립부경대학교, 동덕여자대학교, 국립순천대학교, 세종대학교, 동아대학교, 대구가톨릭대학교 등
패션마케팅학과	계명대학교, 한성대학교, 부산대학교 등

의류 · 의상학 Q & A

Q 이 전공은 어떤 분야인지 소개해 주세요.

A 의류 · 의상학은 신체에 조화롭고 심미적인 의상을 디자인하고 제작하는 능력을 가르는 것을 중심으로, 이론과 실습을 병행하며 패션 산업 전반에 요구되는 감각과 기술, 그리고 시장을 이해하는 마케팅적 시각까지 폭넓게 학습하는 학문 분야입니다.

Q 학생들은 구체적으로 무엇을 배우나요?

A 의류직물학, 창작의상, 패션드로잉, 패션마케팅 등을 포함한 전 과정을 학습하게 되며, 이와 관련하여 섬유디자인산업기사, 컬러리스트, 패션디자인산업기사 등 패션 관련 자격증을 취득할 수 있습니다.

Q 이 전공을 마친 후에는 어떤 진로로 나아갈 수 있나요?

A 패션전문업체의 디자이너, 브랜드 매니저, 스타일리스트, 브랜드 마케팅, 패션 리데일, 액세서리 디자이너 등 다양한 직무로 진출할 수 있으며, 이외에도 패션 연구소, 섬유 관련 연구소, 의류 소재 연구기관 등에서 연구와 기획 업무를 수행할 수 있습니다.

9. 생명과학

전공 소개

생명과학은 생명에 대한 과학적 탐구, 즉 생명과 관계되는 현상이나 생물의 여러 가지 기능을 연구하여, 의료나 환경보존 등 인류복지에 사용하는 종합과학입니다. 또한 생명현상, 생명체를 구성하는 분자나 세포와 같은 미세수준에서부터 살아 있는 생명체를 모두 포괄하는 지구 생태계 수준의 지식을 탐구합니다. 특히 유전학, 분자생물학, 세포생물학 등에서 새롭게 규명된 원리를 의학과 농업에 응용하는 과정, 고생물학이나 법의학과 같은 다양한 분야에 새로운 분석도구를 제공하는 방법과 신경과학과 진화생물학이 심리학과 사회학의 틀을 수정하게 하는 역할에 관하여 인간의 본질을 잘 이해하고 인간과 자연과의 본연의 관계를 해명하는 과학이라고 할 수 있습니다. 생명과학부에서는 이러한 모든 생명과학 연구영역을 체계적으로 교육하여 세계적 수준의 창의적인 인재를 양성하는 생명과학대학의 최고학부라 하겠습니다.

고려대학교 생명과학부 홈페이지 전공 소개(https://lifesci.korea.ac.kr/lifesci/faculty/faculty1.do).

관련 학과

*농생명공학부 *동물생명과학부 *생명과학부 *바이오산업공학부 *분자생명과학부 *생명공학부 *생명과학정보학부 *생명산업과학부 *생명산업학과 *생명정보학과 *생명환경학부 *수산생명의학과 *식물생명공학부 *유전공학과 *응용생명공학부 *제약공학과 *해양생명의학과 *의생명화학과 *생체공학전공 *바이오벤처학부 *해양생명환경학과 *의생명보건학부 *한방보건제약학과 등

개설 대학

학과명	대학명
유전(생명)공학과	경희대학교, 서울대학교, 고려대학교, 수원대학교, 전남대학교, 경북대학교 등
제약공학과	단국대학교, 인제대학교, 경상국립대학교, 대구한의대학교, 경성대학교, 청주대학교 등
생명공학과(부)	경북대학교, 고려대학교, 전북대학교, 인천대학교, 국립경국대학교, 연세대학교, 한경국립대학교 등
생명과학과(부)	서울대학교, 고려대학교, 인천대학교, 성균관대학교, 경상국립대학교, 부산대학교 등
생명환경학부	신구대학교, 원광대학교, 가톨릭대학교 등

생명과학 Q & A

Q 이 전공은 어떤 분야인지 소개해 주세요.

A 생명과학은 지구상의 생명체를 연구 대상으로 하여 생명체의 구성 원리, 작동 원리, 생명 현상을 배우고 탐구하는 학문입니다. 생명과학 전반에 대한 기초지식과 이론을 학습하며 이를 응용할 수 있는 전문 인력 양성을 목표로 합니다.

Q 학생들은 구체적으로 무엇을 배우나요?

A 세포생물학, 식물분류학 및 실험, 유전학, 동물형태학 및 실험 등을 배우며 전공과 관련하여 생물공학기사, 수질환경기사, 식품기사, 임상병리기사, 자연생태복원기사 등 다양한 자격 취득도 가능합니다.

Q 이 전공을 마친 후에는 어떤 진로로 나아갈 수 있나요?

A 제약 회사, 대학 병원, 생명공학 회사 등과 같은 기업 또는 한국생명공학연구원, 한국과학기술연구원, 한국과학기술정보연구원 등과 같은 공공기관까지 다양한 분야로 진출할 수 있습니다.

유전공학 Q & A

Q 이 전공은 어떤 분야인지 소개해 주세요.

A 유전공학은 유전자 재조합 기술과 유전자 산물의 생산을 위한 기초 지식과 응용 기술을 바탕으로, 인류에 도움이 되는 기술을 개발하고, 이를 실현할 수 있는 연구 인력과 전문 학자를 양성하는 데 목표를 두고 있습니다.

Q 학생들은 구체적으로 무엇을 배우나요?

A 유전공학, 유전자론, 현대생물학연습, 유전자조작론 등을 학습하게 됩니다. 이와 함께 생물분류기사, 자연생태복원기사, 축산기사 등 전공 관련 자격증을 취득할 수 있습니다.

Q 이 전공을 마친 후에는 어떤 진로로 나아갈 수 있나요?

A 제약 회사, 바이오 기업(바이오의약품, 줄기세포치료제,작물 품종 개발 등), 대학 병원 연구소 등 다양한 산업체에서 활약할 수 있습니다. 이와 함께 한국생명공학연구원, 한국과학기술연구원(KIST), 농촌진흥청, 한국과학기술정보연구원(KISTI) 등 연구기관에 진출할 수 있습니다.

10. 농업학

전공 소개

농학과의 교육 목표는 인간의 생활에 필수적인 식량자원을 비롯하여 유용식물 자원의 개발과 생산에 필요한 학문을 연구하고 작물의 개량, 생산기술 개발, 농업기상, 토양, 잡초, 병해충 관리, 환경 분야에 대한 이론과 응용방법을 체계적으로 교육・연구함으로써 미래의 농업생명과학을 주도할 수 있는 전문인을 양성하는 것입니다. 농학과의 교육과정은 기초과학 중심의 학문적 기반을 바탕으로 작물의 유전성-재배환경-재배기술이 함께 어우러지는 심화과정과 응용과정의 교육 커리큘럼으로 구성되어 있습니다. 농학과 학생들은 이 과정에서 이론, 실험, 실습이 균형 잡히도록 짜인 학습을 수행합니다. 또한 학생들이 작물의 재배과정을 직접 체험할 수 있는 교과과정과 비교과과정을 함께 유기적으로 운용하는 것은 농학과 현장실습의 또 다른 강점입니다. 마지막으로, 토론수업과 발표수업을 통해서 본인의 지식과 경험을 다른 학생들과 함께 나누며 미래 농산업에 이바지하는 창의적 '개척인재'로 거듭날 수 있습니다.

경상국립대학교 농학과 홈페이지 전공 소개(https://www.gnu.ac.kr/agronomy/main.do).

관련 학과

*국제농업개발학과 *국제축산개발학과 *낙농공학과 *낙농과학과 *낙농학과 *농업공학부 *농학과 *연초학과 *축산가공학과 *천연섬유학과 *축산과학부 *축산학과 *환경농업과학부 *축산식품과학과 *농산업학과 *축산공학과 *농생명과학과 *도시농업학과 *축산생명공학과 *산업동물학과 *동물응용과학과 *응용자원환경학부 *에코농산업벤처시스템학과 *스마트팜 농산업학과 *첨단영농학과 등

개설 대학

학과명	대학명
농학과	경상국립대학교, 충북대학교, 한국방송통신대학교 등
축산학과	경북대학교, 충북대학교, 충남대학교 등
낙농학과	충남대학교, 경상국립대학교 등
스마트팜농산업학과	강원대학교, 신경주대학교 등
동물응용과학과	강원대학교 등

축산학 Q & A

Q 이 전공은 어떤 분야인지 소개해 주세요.

A 축산학은 가축의 육종, 번식, 영양, 사양관리, 축산물 가공 및 경영 등 축산 전반에 걸친 이론과 기술을 체계적으로 연구하며, 축산물의 생산과 활용을 위한 전문 지식과 실무 역량을 갖춘 인재를 양성하는 학문입니다. 특히 동물산업과 생명공학의 융합을 통해 지속 가능한 미래 축산을 선도할 전문 인력을 양성하는 데 교육의 중점을 두고 있습니다.

Q 학생들은 구체적으로 무엇을 배우나요?

A 육우학, 축산경영학, 동물유전학, 가축질병학 등 축산 전반에 걸친 핵심 과목들을 이수하게 되며, 이를 통해 인공수정사, 식육처리기능사, 축산기사, 축산물등급사 등 다양한 자격 취득도 가능합니다.

Q 이 전공을 마친 후에는 어떤 진로로 나아갈 수 있나요?

A 공항검역관, 낙농 및 사육 관련 전문가, 도축검사원, 방역사, 축산물등급판정사, 축산업지도사 등으로 활동할 수 있으며, 축산 관련 협동조합, 농협중앙회, 사료 회사, 육가공 업체 등 민간기업체는 물론, 농촌진흥청 축산과학원, 농림수산식품부, 농협사료연구소, 충청북도 가축위생연구소 한우개량사업부, 종축개량사업부 등 각종 연구소, 국립축산과학원, 축산물품질평가원, 축산방역본부와 같은 공공기관으로도 진출할 수 있는 진로가 마련되어 있습니다.

11. 통계학

전공 소개

통계학은 불확실성에 대한 논리를 연구하는 학문으로 인류 대부분의 학문 분야(공학, 의학, 환경과학, 사회과학, 생물학, 물리학, 천문학 등)에서 중요한 역할을 담당하고 있다. 통계학의 핵심인 통계적 추론은 과학적으로 실험하는 방법과 실험으로부터 나온 자료가 주어진 인과관계를 합리적으로 설명하는지의 여부를 객관적으로 판단하는 방법을 고민하는 것에서 출발하였으며, 20세기 과학 발전에 지대한 공헌을 하였다. 이에 따라 통계학은 20세기에 접어들면서 과학의 한 분야로 자리 잡기 시작하였다. [……] 통계학의 연구는 연구 형태에 따라 새로운 통계적 방법론을 개발하고, 새로운 통계적 방법론의 컴퓨터에서의 구현과 이론적 성질을 규명하는 방법론적 연구와 복잡한 데이터에서 통계적 방법론들을 이용하여 정보를 추출하는 데이터 분석 연구로 크게 나눌 수 있다. 통계적 방법론에 따라 연구 분야들은 함수추정, 비모수추론, 통계적 학습 혹은 기계학습, 통계계산, 시계열 및 공간통계, 선형모형 및 일반화선형모형, 베이즈통계, 다변량통계, 표본설계, 실험계획법, 확률론 등으로 나뉘고, 응용분야에 따라서는 생물통계, 경제통계, 공업통계, 환경통계, 공식통계, 사회통계 등으로 나뉜다. 통계학은 이론과 응용을 넘나들면서 각자의 적성과 취향에 따라 전공 분야를 선택할 수 있는 학문적 특성을 갖고 있다.

서울대학교 통계학과 홈페이지 전공 소개(https://stat.snu.ac.kr/).

관련 학과

*통계학과 *보건통계학과 *수학통계학과 *응용통계학과 *전산통계학과 *정보통계학과 *컴퓨터통계학과 *정보통계보험수리학과 *여론정보통계학과 *데이터경영학과 *금융정보통계학과 *통계컴퓨터과학과 *통계데이터과학 *수리빅데이터학부 *데이터과학부 *빅데이터응용학과 *빅데이터사이언스학과 *통계 · 데이터과학과 *IT통계학과 등

개설 대학

학과명	대학명
통계학과	서울대학교, 인제대학교, 부산대학교, 전남대학교, 동국대학교, 성균관대학교 등
컴퓨터통계학과	조선대학교, 국립군산대학교 등
정보통계학(과)	동덕여자대학교, 충남대학교, 경상국립대학교, 충북대학교, 단국대학교, 국립경국대학교 등
금융정보통계학과	한림대학교 등
정보통계보험수리학과	숭실대학교 등
데이터(정보)과학과(부)	수원대학교, 국립부경대학교, 고려대학교, 방송통신대학교 등

통계학 Q & A

Q 이 전공은 어떤 분야인지 소개해 주세요.

A 통계학은 수학적 기초를 기반으로 자연, 사회, 경제 등 다양한 현상에서 발생하는 데이터를 과학적으로 분석하고, 유의미한 정보를 도출하는 학문입니다. 통계학과에서는 논리적 사고력과 분석 역량을 겸비한 인재를 양성하는 것을 목표로 하며, 실제 데이터를 다루는 실무 능력까지 체계적으로 배울 수 있도록 교육과정을 구성하고 있습니다.

Q 학생들은 구체적으로 무엇을 배우나요?

A 확률론, 통계학, 통계 데이터베이스 등 통계 전반을 아우르는 과목들을 학습하게 되며, 보험계리사, 사회조사분석사, 손해사정사, 정보처리기사 등 통계와 연관된 다양한 자격증을 취득할 수 있습니다.

Q 이 전공을 마친 후에는 어떤 진로로 나아갈 수 있나요?

A 수학 및 통계 연구원, 시장 · 여론 조사 전문가, 통계 사무원 등 다양한 직무에서 활동할 수 있습니다. 이 외에도 금융, 공기업(한국부동산원, 한국지능

정보사회진흥원, 한국토지주택공사, 한국철도공사 등), 공무원(통계청, 국세청 등), IT(NICE평가정보 등), 마케팅 분야로도 진출할 수 있습니다.

12. 자원학

전공 소개

산림환경자원학과에서는 국토의 65%를 차지하는 방대한 산림자원을 종합적으로 관리하고 경영하며 개발하는 데 필요한 기술뿐만 아니라 응용할 수 있도록 산림생태, 산림조성 및 유전육종, 산림정책 및 경영, 산림공학, 산림보호, 환경생태계획, 산림건강 등 다방면에 걸친 학문을 교육하고 있다. 본 전공에서 다루는 학문 분야는 다음과 같다. 산림생태 분야에서는 산림생태계를 구성하고 있는 무기 및 유기적 환경요소의 본질과 이들 상호 간의 관계 / 산림경영 분야에서는 지속 가능한 산림 관리, 도시 자연, 소비와 생산에 관한 내용 / 산림공학 분야는 임도설치, 임업기계 및 목재수확과 관련된 분야 / 산림보호 분야는 산림토양의 보존 및 침식방지, 물질생산, 탄소순환 등의 산림기여와 관련된 분야 / 산림건강 분야에서는 산림환경과 인간의 관계, 숲에서의 야외활동을 통한 숲치유에 관한 학문을 교육하고 있다.

충남대학교 산림환경자원학과 홈페이지 전공 소개(https://forestry.cnu.ac.kr/forestry/index.do).

관련 학과

*국제자원개발학과 *낙농자원학과 *농업자원경제학과 *동물생명자원학과 *동물영양자원학과 *동물자원학과 *산림자원조경학부 *산림자원학과 *산림자원환경학과 *산림자원보호학과 *생명자원보호학과 *생명자원공학과 *생명자원과학부 *생명자원개발학과 *수산자원개발학과 *식량자원식품가공학부 *식품자원개발과 *식물자원환경학부 *영양자원학과

*원예자원과 *자연자원학부 *응용생물자원과학부 *식품자원경제학과 *자원생물학과 *자원식물개발학과 *한약자원학과 *자원환경공학과 *해양자원과 *해양자원산업학과 *식의약자원개발학과 등

개설 대학

학과명	대학명
동물자원(과)학과	국립공주대학교, 삼육대학교, 전남대학교, 강원대학교, 건국대학교, 국립순천대학교 등
산림자원학과	영남대학교, 전남대학교, 국립목포대학교, 국민대학교 등
한약자원학과	전북대학교, 중부대학교, 국립목포대학교, 대구한의대학교 등
식품자원경제학과	고려대학교, 경상국립대학교, 경북대학교, 서울대학교, 부산대학교, 강원대학교 등

해양자원학 Q & A

Q 이 전공은 어떤 분야인지 소개해 주세요.

A 해양자원학은 해양 환경과 생태계의 특성을 이해하고, 해양 생물이 바다 환경에 어떻게 적응하며 생존하는지를 과학적으로 탐구하는 학문입니다. 이와 함께, 수산자원 생물의 보존과 지속 가능한 관리 방안을 중심으로, 해조류, 플랑크톤, 어류 질병, 해양 심층수 등 유용한 해양 생물자원의 활용 가능성을 모색하고 생산성을 증대시키는 방법을 공부합니다.

Q 학생들은 구체적으로 무엇을 배우나요?

A 분자생물학, 해양동물학 및 실험, 해양생태학, 해양학 등 해양 생물과 환경을 폭넓게 이해할 수 있는 과목들을 학습하게 되며, 이를 통해 수산양식기사, 수질환경기사, 해양자원개발기사, 해양환경기사 등 다양한 관련 자격증을 취득할 수 있습니다.

Q 이 전공을 마친 후에는 어떤 진로로 나아갈 수 있나요?

A 해양공학기술자, 해양수산기술자, 해양학연구원, 수해양직공무원 등 해양 분야의 전문가로 진출할 수 있으며, 아쿠아리움, 수산과학관, 수산물 유통업체, 수산업협동조합 등 민간기업뿐만 아니라, 국공립기관(국립공원관리공단, 해양생물자원관, 기타 환경부 산하기관), 환경영향평가업체, 생명공학관련연구소 및 업체, 아쿠아리움 등 활동할 수 있는 폭넓은 진로가 마련되어 있습니다.

13. 화학

전공 소개

화학은 물질을 구성하고 있는 기본적 요소인 원자와 분자의 구조와 성질을 규명하는 기초과학으로, 물질을 다루는 모든 자연과학 분야의 핵심 학문입니다. 서울대 화학부는 물리화학, 분석화학, 무기화학, 유기화학 및 생화학, 고분자/재료화학의 전통적인 세부 분야뿐 아니라, 최근 연구 대상에 따라 나노화학, 생명화학, 정보/계산화학, 화학생물학 및 환경화학, 에너지화학 등의 새로운 학문 분야 전체에 대해 교육과 연구를 진행하고 있습니다. 화학의 목표는 화학변화를 뒷받침하는 원리를 분자 수준에서 이해하여 거대한 물질세계를 이해하고, 이를 바탕으로 새로운 물질을 합성하여 삶의 질을 향상하고 인류의 발전에 기여하도록 하는 것입니다. 따라서 화학은 중심 과학으로 물질과학, 환경과학, 의학, 약학, 농업과학, 정보 기술에 필수적인 지식을 제공합니다.

서울대학교 화학과 홈페이지 전공 소개(https://chem.snu.ac.kr/).

관련 학과

*화학과 *농화학과 *석유화학과 *응용화학과 *정밀화학과 *화학신소재학과 *화학환경부 *화학공학부 *나노화학과 *화학코스매틱스학부 *정밀응용과학부 *첨단소재학과 *나노에너지화학과 등

개설 대학

학과명	대학명
화학과	인하대학교, 성균관대학교, 중앙대학교, 한국과학기술원(KAIST), 연세대학교, 충남대학교, 경희대학교, 경북대학교 등
화학공학부	전남대학교, 전북대학교, 영남대학교, 국립공주대학교, 울산대학교, 성균관대학교 등
응용화학과	경희대학교, 아주대학교, 한양대학교, 동덕여자대학교, 건국대학교 등
정밀화학과	서울과학기술대학교 등

화학 Q & A

Q 이 전공은 어떤 분야인지 소개해 주세요.

A 화학은 우리가 사용하는 대부분의 물질이 화학적 원리에 기반하고 있기 때문에, 일상생활은 물론 산업 전반에서 핵심적인 역할을 수행하는 학문입니다. 화학과는 물질의 성분, 구조, 성질 및 그 변화 과정을 과학적으로 탐구하고, 이를 바탕으로 새로운 물질을 설계하고 개발할 수 있는 전문 인재를 양성하는 것을 목표로 합니다.

Q 학생들은 구체적으로 무엇을 배우나요?

A 무기화학, 유기화학, 물리화학, 분석화학 등 화학의 주요 분야를 균형 있게 학습하며, 이를 통해 대기환경기사, 수질환경기사, 토양환경기사, 폐기물처리기사, 화공기사, 화약류관리기사 등 다양한 자격 취득도 가능합니다.

Q 이 전공을 마친 후에는 어떤 진로로 나아갈 수 있나요?

A 석유화학 회사, 화학공학 회사, 신소재 개발 기업, 화장품 제조업체 등 다양한 산업 분야에 진출할 수 있으며, 대학 교수, 중·고등학교 교사 등 학계 진출, 공사 및 공무원, 국공립연구소 등에 진출할 수 있습니다. 또한 한국화학연구원, 한국과학기술연구원, 한국과학기술원(KAIST) 등과 같은 공공연구기관에서도 연구 인력으로 활동할 수 있습니다.

제6장

대학 전공 알아보기: 공학계열

공학계열은 공업생산기술을 개발하고 실천하는 응용학문 분야입니다. 항공학, 산업공학, 재료공학, 건축 · 설비공학, 화학공학, 기계공학, 컴퓨터공학 전산학, 반도체공학, 응용공학, 소프트웨어공학, 신소재공학, 자동차공학, 전기공학, 전자공학 등 다양한 전공이 포함됩니다. 과학기술의 실제 활용과 응용에 관심이 있다면 공학계열 전공을 살펴보기 바랍니다. 이와 관련하여 자세한 정보는 관련 학과의 공식 홈페이지에서 확인할 수 있습니다.

일러두기

1. 전공 분류: 『2024 학과(전공) 분류 자료집』 (임소현 외, 2024)의 분류에 따름.
2. 전공 소개: 대학 홈페이지에서 일부 발췌함.
3. 관련 학과: 『2024 학과(전공) 분류 자료집』 (임소현 외, 2024)에서 발췌, 정리함.
4. 개설 대학: 대학 홈페이지에서 확인, 정리함. (2025년 기준)
5. 전공 Q & A: 커리어넷의 학과정보 및 대학 학과 홈페이지 참고, 새롭게 조사, 정리함.

1. 항공학

전공 소개

냉전시기를 지나 국제적으로 진보된 항공우주 기술은 전 세계를 1일 생활권으로 묶어 인류의 편의성을 증진시켰을 뿐 아니라 관심 영역을 지구 밖까지 확장시키는 비약적인 발전을 이루었습니다. 로켓과 위성은 전략적인 중요성과 더불어 자국의 기술과 이념의 우수성을 과시하는 수단으로 사용되고 있습니다. 우리나라는 이에 발맞춰 최근 나로호 발사 성공, 한국형 헬리콥터 개발, 차세대 전투기 개발 등 항공우주 분야에 대한 전문적이고 체계적인 지식과 그 필요성이 크게 고조되고 있는 우주강국의 시대를 맞이하고 있습니다. 또한 항공우주 산업은 국가 안보에 미치는 중요성뿐 아니라 고부가가치 산업으로서도 국내 산업 전반에 미치는 영향이 매우 큰 분야 중에 하나라고 할 수 있습니다. 최근에는 NT(Nano-Technology), BT(Bio-Technology) 분야의 융·복합기술과 결합하여 혁신적인 연구영역을 창조하며 신산업의 새로운 출발을 준비하고 있습니다.

서울대학교 항공우주공학과 홈페이지 전공 소개(https://aerospace.snu.ac.kr/).

관련 학과

*기계항공공학부 *기계항공우주공학부 *우주항공공학과 *항공교통관리학과 *항공기계공학부 *항공운항학과 *항공전자공학과 *항공조선공학부 *헬리콥터조정학과 *항공기계설계학과 *무인항공기학과 *항공학부 *드론학과 *항공산업공학과 *무인항공학과 *항공정비공학과 *스마트드론공학과 *항공우주및소프트웨어공학부 *스마트운행체학과 *드론철도건설공학과 *드론로봇융합학과 *항공정비기계학과 등

개설 대학

학과명	대학명
항공학부	청주대학교, 극동대학교, 세한대학교, 한서대학교 등
항공우주공학과	서울대학교, 한국과학기술원(KAIST), 인하대학교, 국립창원대학교, 경상국립대학교, 충남대학교 등
항공산업공학과	한서대학교 등
항공운항학과	한국항공대학교, 극동대학교, 한서대학교, 청주대학교, 신라대학교 등
항공우주 및 소프트웨어공학부	경상국립대학교 등

항공우주공학 Q & A

Q 이 전공은 어떤 분야인지 소개해 주세요.

A 항공우주공학은 헬리콥터, 비행기, 미사일, 인공위성, 발사체, 우주선 등 항공 및 우주 관련 시스템을 설계 · 제작 · 운용에 필요한 이론과 기술을 배우는 학문입니다. 첨단 항공우주 기술을 기반으로, 우리나라의 항공우주 산업의 미래를 이끌 창의적이고 실무 능력을 갖춘 인재를 양성합니다.

Q 학생들은 구체적으로 무엇을 배우나요?

A 항공우주학개론, 비행역학, 항공우주시스템설계, 유체역학 등 항공우주 분야의 이론과 응용 기술을 배우며, 아울러 기계설계기사, 항공기관기술사, 항공기사, 항공기체기술사 등 관련 전문 자격증 취득을 준비할 수 있습니다.

Q 이 전공을 마친 후에는 어떤 진로로 나아갈 수 있나요?

A 국공립연구소(국방기술품질원, 국방과학연구소, 항공안전기술원, 경남테크노파크 항공우주본부, 한국수력원자력, 한국전력기술 등), 항공우주/국방관련 기업(한국항공우주산업(주), 대한항공, 한화시스템, 한화에어로스페이스, LIG넥스원, 현대로템(주) 등), ICT기업, 해외항공우주 등 다양한 분야에 진출

할 수 있습니다. 또한 국토교통부, 과학기술정보통신부 등 정부 및 공공기관에서도 활약할 수 있어 진로의 폭이 매우 넓습니다.

2. 산업공학

전공 소개

산업공학의 본질은 시대의 변화를 관통하는 전략적 목표를 세우고, 이를 실현하는 최적의 시스템을 구현하는 데 있습니다. 산업공학은 제조, 서비스, 정보, 통신, 금융, 의료, 공공, 국방 등 다양한 산업 영역에서 기획, 설계, 운영, 분석, 평가, 통합 등의 프로세스 전반의 문제를 수리적 과학적 기법을 통하여 해결하는 학문입니다. 산업공학에서는 경영과학(최적화, 응용통계), 정보시스템, 인간공학, 생산관리, 서비스 품질경영과 같은 고유의 기법과 수학, 통계, 컴퓨터 과학, 공학, 인문사회, 경제, 경영 등 다양한 인접 분야의 방법론을 활용하고 융합하여 주어진 문제를 종합적이고 체계적인 시각에서 접근하고 있습니다. 기술의 진보와 시장의 흐름에 맞물려 산업공학은 변화하고 확장되어 왔습니다. 빅데이터 분석에 기반한 경영 의사결정, 인터넷 및 모바일 서비스의 지능화, 소셜 네트워크 분석, 핀테크시스템의 설계와 운영, 투자 위험 관리와 금융 상품 설계, 감성 제품 개발, 하이테크 마케팅, 기술 트렌드 분석 등은 산업 공학의 주요 연구 분야입니다.

서울대학교 산업공학과 홈페이지 전공 소개(https://ie.snu.ac.kr/).

관련 학과

*기계산업공학부 *사회기반시스템공학과 *산업건설환경공학부 *산업경영공학과 *산업공학 *산업안전시스템공학과 *산업정보시스템공학과 *자동차산업공학부 *정보산업학과 *첨단산업공학부 *테크노경영공학과 *해양산업공학부 *시스템경영공학과 *정보산업공학과 *자동차관리학과 *가스안전공학과 *지식산업융합학과 *생명산업공학과 *실버산업공학과 *산업환경공학과 *자동차산업공학과 *의료산업융합학부 *융합기술창업학과 *스마트경영공학부 *물류시스템학과 *품질경영공학과 *항공교통물류학과 *스마트팩토리융합학과 *산업기술융합공학과 *에너지경영학과 등

개설 대학

학과명	대학명
산업공학과	서울대학교, 연세대학교, 부산대학교, 아주대학교, 계명대학교, 성균관대학교, 가천대학교 등
산업(안전)공학과	한경국립대학교, 한국기술교육대학교, 호서대학교 등
산업정보시스템공학과	숭실대학교, 서울과학기술대학교, 전북대학교 등
산업시스템공학과	동국대학교, 한경국립대학교, 국립창원대학교 등
산업경영공학과	경기대학교, 고려대학교, 경희대학교, 인하대학교, 포항공과대학교, 인천대학교 등
물류시스템학과	우송대학교, 서경대학교, 한국해양대학교 등
산업환경공학과	가천대학교 등
산업(기술)융합공학과	전남대학교, 한국공학대학교 등
사회기반시스템공학과	경희대학교, 부산대학교, 중앙대학교 등

산업공학 Q & A

Q 이 전공은 어떤 분야인지 소개해 주세요.

A 산업공학은 산업 현장의 업무를 효율적이고 체계적으로 수행하기 위한 방법을 탐구하는 학문입니다. 제품의 생산부터 유통에 이르는 전 과정을 과학적이고 합리적으로 분석하고, 이를 기반으로 최적의 시스템을 설계 · 운영할 수 있는 기술경영 역량을 갖춘 인재 양성을 목표로 합니다.

Q 학생들은 구체적으로 무엇을 배우나요?

A 물류공학, 생산계획, 안전공학, 기계공작법 등 산업시스템을 설계하고 운영하는 데 필요한 이론과 실무를 배우며, 물류관리사, 산업안전기사, 품질경영기사 등 전공과 밀접한 자격증을 취득할 수 있어 실무 경쟁력을 높일 수 있습니다.

Q 이 전공을 마친 후에는 어떤 진로로 나아갈 수 있나요?

A 경영컨설턴트, 물류관리사, 정보시스템 운영자, 산업공학기술자 등으로 활동할 수 있고, 제조업, 정보통신, 물류시스템 통합 등 다양한 산업 분야에 진출할 수 있습니다. 또한 과학기술정보통신부 등 공공기관이나 기술기반 정책을 수행하는 기관에서도 활약할 수 있어 진로의 폭이 매우 넓은 편입니다.

3. 재료공학

전공 소개

인류사의 발전과정에는 항상 재료의 변화가 함께했으며, 시대를 나누는 기준도 재료였기에 재료공학의 수준은 곧 기술 수준의 척도가 됩니다. 재료공학은 현대 사회의 정밀기계, 전기전자, 우주항공, 에너지, 환경 및 바이오 분야 등 다양한 분야의 발전에 근간이 되는 분야입니다. 예를 들어, 자동차/조선공업과 같은 기계공업의 발전에는 금속재료, 건설/토목에는 각종 무기재료, 반도체공업의 발전에는 재료공정, 바이오산업의 혁신에는 기능성 고분자 재료의 개발이 필요합니다. 이렇듯 재료공학은 인류의 번영을 위한 과제 해결의 중심적 역할을 해 왔으며, 현재에 이르러 에너지/환경/바이오 분야와 같은 인류의 생존과 관련된 기술의 기반이 되고 있습니다. 특히 나노기술의 대두로 기존 재료에서는 볼 수 없었던 새로운 성질들이 발견되고 있는 바, 나노기술을 접목한 재료공학은 새로운 재료의 개발로 도래하는 사업을 대응하고 미래사회를 이끌 원동력이 될 것입니다.

강원대학교 재료공학전공 홈페이지 전공 소개(https://material.kangwon.ac.kr/material/index.do).

관련 학과

*금속재료공학과 *무기재료공학과 *재료공학과 *신소재공학과 *재료금속공학과 *재료화학공학부 *전자재료공학과 *항공재료공학과 *화학재료공학부 *재료시스템공학과 *정보전자소재공학과 *디스플레이재료공학과 *미래전략신소재공학과 *유기소재섬유공학과 *첨단소재공학과 *첨단부품소재공학과 *스마트그린소재공학과 *이차전지융합전공 등

개설 대학

학과명	대학명
재료공학과	서울대학교, 부산대학교 등
금속재료공학과	경북대학교, 경상국립대학교, 국립공주대학교 등
신소재공학과(부)	연세대학교, 성균관대학교, 인하대학교, 고려대학교, 숭실대학교, 한국과학기술원(KAIST), 인천대학교 등
항공재료공학과	한국항공대학교, 중원대학교 등

첨단소재공학과	중앙대학교, 울산대학교, 신한대학교, 한양대학교(ERICA) 등
스마트그린소재공학과	한국공학대학교 등
유기소재섬유공학과	전북대학교 등

재료공학 Q & A

Q 이 전공은 어떤 분야인지 소개해 주세요.

A 재료공학은 인간의 다양한 요구에 부응하는 재료를 설계 · 합성하고, 이를 부품화하는 방법을 연구하는 학문 분야로, 금속, 세라믹, 고분자, 바이오 소재 등 다양한 재료의 특성과 기능을 이해하고, 재료의 개발, 가공, 제조 기술에 대해 이론과 실습을 체계적으로 배우는 학문 분야입니다.

Q 학생들은 구체적으로 무엇을 배우나요?

A 재료과학, 유기재료화학, 재료물리화학, 물리금속학 등을 배우며, 3D프린터개발산업기사, 금속기사, 금속재료기사, 섬유기사 등 다양한 전문 자격증 취득도 가능합니다.

Q 이 전공을 마친 후에는 어떤 진로로 나아갈 수 있나요?

A 섬유공학기술자, 재료공학기술자, 나노공학기술자 등이 될 수 있으며, 반도체 제조업체, 금속 가공업체, 자동차, 조선, 항공기 제조업체 등의 산업체와 한국나노기술연구원 등의 연구기관 그리고 과학기술정보통신부 등과 같은 공공기관에 진출할 수 있습니다.

4. 건축 · 설비공학

전공 소개

건축공학은 공학적인 측면에서 인간생활과 이를 수용하는 조형적인 공간을 이해하여 기능적이고 안전한 공간창출을 위한 제반 건축물을 연구하는 학문 분야입니다. 건축공학과의 교과과정은 기초과학, 공학기초, 건축설계 및 건축환경계획, 건축구조, 건축재료 및 시공 분야에 대한 통합적인 교육을 실시함으로써 창의적인 사고와 실무능력을 겸비한 건축기술자 및 전문가를 양성할 수 있도록 구성되어 있습니다.

충남대학교 건축공학과 홈페이지 전공 소개(https://archi-eng.cnu.ac.kr/archi/intro/greetings.do).

관련 학과

*건축공학과 *건축도시공학부 *건축설비학과 *건축시스템공학부 *건축설비시스템공학과 *건축조경토목공학부 *건축토목도시공학부 *도시건축공학부 *실내건축공학 *빌딩시스템공학부 *도시공학부 *해양건축공학과 *인테리어모델링학과 *리조트개발학과 *건축디자인학부 *산업건축학과 *설비공학과 *건축사회환경학부 *부동산건설학부 *건축안전공학과 *조명학부 *공간디자인융합기술학과 *한옥학과 *해양공간건축학부 등

개설 대학

학과명	대학명
건축공학과	경희대학교, 연세대학교, 전북대학교, 단국대학교, 충남대학교, 세종대학교, 동국대학교 등
건축(설비)시스템공학과	국립한밭대학교, 경상국립대학교 등
도시건축(공)학과(부)	인천대학교, 전북대학교, 대진대학교 등

공간디자인융합기술학부	국립군산대학교 등
환경/건축/재난/건설시스템 안전공학과	경기대학교, 선문대학교, 국립한국교통대학교, 대전대학교, 아주대학교, 호서대학교 등
해양공간건축학부	한국해양대학교 등

건축학 Q & A

Q 이 전공은 어떤 분야인지 소개해 주세요.

A 건축학은 인간이 외부 환경으로부터 보호받고, 효율적이고 쾌적한 공간을 활용할 수 있도록 건축물을 설계하고 구현하는 방법을 배우는 학문입니다. 건축은 단순한 구조물의 구축을 넘어, 역사와 문화, 예술, 인문학적 이해를 바탕으로 기능성과 미적 감각을 겸비한 공간을 창조하는 융합적인 학문이자 실천적 예술입니다.

Q 학생들은 구체적으로 무엇을 배우나요?

A 건축설계, 건축조경, 건축과사회 등 설계 중심 과목과 함께 공간을 사회적 · 환경적 관점에서 이해하고 해석하는 역량을 키우는 수업도 함께 진행됩니다. 이와 함께 건축기사, 건축설비기사, 건축구조기술사, 도시계획기사, 실내건축기사, 건설안전기사 등 다양한 전문 자격증 취득도 가능합니다.

Q 이 전공을 마친 후에는 어떤 진로로 나아갈 수 있나요?

A 건축사, 인테리어 디자이너, 건축공학기술사 등 다양한 직업군에서 활동할 수 있습니다. 건축설계사무소, 시공 회사, 인테리어 회사, 감리 회사 등 민간기업뿐 아니라, 국토교통부를 비롯한 중앙부처 및 지방자치단체 기술직 공무원, 한국건설관리공사, 주택관리공단 등 공공기관에도 진출할 수 있어 진로의 폭이 매우 넓습니다.

건축공학 Q & A

Q 이 전공은 어떤 분야인지 소개해 주세요.

A 건축공학은 건축 구조, 시공, 환경, 설비, 재료 등 다양한 공학적 지식과 더불어 건축계획 및 설계에 대한 기본 이해를 바탕으로, 안전하고 효율적인 건축물을 구현할 수 있는 전문 인력을 양성하는 학문입니다. 건축공학과에서는 건축 공간의 구성과 설계부터 자재 선택, 시공 과정까지 전반을 아우르는 종합적 역량을 기르는 데 중점을 두고 있습니다.

Q 학생들은 구체적으로 무엇을 배우나요?

A 건축구조시스템, 건축재료학, 건축시공학, 건축설계 등 건축물의 구조적 안정성과 시공 기술에 중점을 둔 과목들을 배우게 되며, 이와 함께 건축구조기술사, 건축시공기술사, 도시계획기사, 건설안전기사 등 실무와 연계된 다양한 자격증 취득도 가능합니다.

Q 이 전공을 마친 후에는 어떤 진로로 나아갈 수 있나요?

A 건축구조기술자, 건축공학기술자, 건설공사품질관리원 등으로 활동할 수 있으며, 인테리어 회사, 건설사, 건축 감리 회사 등 다양한 산업체에 진출할 수 있습니다. 또한 국토교통부, 지방자치단체 기술직 공무원, 한국건설관리공사 등 공공기관에서도 활약할 수 있어 진로의 폭이 매우 넓은 전공입니다.

5. 화학공학

전공 소개

화학공학은 자연현상에 관한 화학, 물리학 및 수학 등의 기초과학 지식을 인류 문명의 이기를 위해 응용하여 산업화하는 학문이다. 특히 화학공학은 핵심 조작이 화학반응인 공정의 설계, 건설 및 조업과 관련이 있는 학문으로 인접 학문인 공업화학, 재료공학, 섬유공학, 생물공학, 식품공학, 환경 공학 등에 공학적인 기초 원리를 제공함과 동시에 이들의 학문적 발전에 선도적 역할을 담당하고 있다. 화학공학은 정유 및 석유화학 공업을 비롯하여 합성섬유, 합성고무, 플라스틱, 정밀화학공업(의약, 종약, 염료, 안료, 도료, 접착제, 고무 첨가제, 촉매, 사진 감광 재료 등) 유지, 세제, 펄프, 제지, 식품, 산 · 알칼리, 비료, 요업, 화학 등 산업 분야의 중추적 역할을 하는 화학공업뿐만 아니라 환경, 에너지 등 중요 분야에 관한 연구와 개발을 목표로 하는 학문 분야이다. 화학공학은 특히 화학, 수학 등의 기본지식을 활용하여 제조화학 또는 공정 공학의 체계적인 구명과 합리적 해석을 추구한다.

충북대학교 화학공학과 홈페이지 전공 소개(https://cheme.cbnu.ac.kr/).

관련 학과

*고분자공학과 *고분자섬유디자인공학부 *고분자정밀화학공학과 *공업화학과 *물질생명화학공학부 *물질시스템공학과 *응용화학공학과 *정밀공업화학과 *화공고분자생물공학부 *화공생명공학과 *화공고분자공학부 *화공생명공학부 *화학고분자공학부 *화학공학과 *화학시스템공학과 *나노화학소재공학과 *재료화공생명공학부 *응용화공생명공학부 *고분자시스템공학과 *디스플레이화학공학과 *화공생명공학부 *나노고분자공학과 *시스템화학생명공학과 *고분자나노공학과 *나노에너지공학부 *화공신소재공학부 등

개설 대학

학과명	대학명
화학(시스템)공학과	계명대학교, 한양대학교, 인하대학교, 포항공과대학교(POSTECH), 충북대학교, 동아대학교 등
고분자공학과	부산대학교, 경북대학교, 성균관대학교, 단국대학교, 경상국립대학교 등

공업화학과	충북대학교, 국립부경대학교 등
고분자시스템공학과	단국대학교 등
나노화학소재공학과	국립한국교통대학교 등
나노에너지공학과(부)	부산대학교 등
화공생명공학과(부)	전남대학교, 서강대학교, 부산대학교, 연세대학교, 가천대학교 등
시스템생명공학과	건국대학교, 중앙대학교 등

화학공학 Q & A

Q 이 전공은 어떤 분야인지 소개해 주세요.

A 화학공학은 화학 물질을 다루는 것뿐 아니라 신재생에너지, 환경공학, 생명공학 등 다양한 분야를 폭넓게 배우며, 에너지 분야 소재, 고분자 소재, 무기 및 유기화학 물질 등 다른 공학 분야에도 널리 활용되고 있는 학문입니다.

Q 학생들은 구체적으로 무엇을 배우나요?

A 물리화학, 정밀화학, 화공양론, 화공열역학, 화학반응공학 등을 배우게 되며, 이를 통해 고분자제품기술사, 공업화학기사, 바이오화학제품제조기사, 화공기사 등의 자격을 취득할 수 있습니다.

Q 이 전공을 마친 후에는 어떤 진로로 나아갈 수 있나요?

A 석유화학 및 정유 회사, 고분자 화학 관련 회사, 반도체/디스플레이/배터리, 제약/화장품, 정밀화학, 고분자, 생물화공, 섬유 회사, 신소재 관련 회사 등 산업체, 한국화학연구원 등 연구기관, 환경부, 과학기술정보통신부 등 정부나 중소기업기술정보진흥원 등 공공기관에 진출할 수 있습니다.

6. 기계공학

전공 소개

기계공학은 인류의 생활을 편리하게 하기 위해 기계에 관한 자연계의 원리를 연구하고, 이를 실용화시키기 위해 기계의 설계, 개발, 생산에 관련된 제반 기술을 탐구하는 학문으로서 공학의 거의 모든 분야와 연계되어 있다. 기계공학은 에너지의 발생과 전달장치의 해석 및 설계를 위한 열 유체 분야, 기계 구조물의 해석을 위한 고체역학 분야, 기계장치 운동의 해석 및 제어를 위한 동역학 분야, 기계시스템의 설계 및 제작을 위한 설계 및 생산공학 분야 등의 교육과정으로 구성되어 있으며, 최근에는 전통적인 제조업 분야는 물론 새로운 에너지원의 개발, 공해저감과 환경보호, 신소재개발 등 첨단공학 분야에서도 중요한 위치를 차지하고 있다.

연세대학교 기계공학부 홈페이지 전공 소개(https://me.yonsei.ac.kr/me/index.do).

관련 학과

*기계산업정보공학부 *기계공학과 *기계금속공학부 *기계설계공학과 *기계소재공학과 *기계전자공학부 *기계정보공학부 *동력시스템공학과 *생산기계공학과 *정밀기계공학과 *컴퓨터응용기계학부 *기계자동차학부 *로봇제어공학과 *메카트로닉스시스템공학과 *기계생산제조공학과 *기계제조공학과 *기계항공시스템공학부 *제품설계금형공학과 *지능기계공학과 *나노전자기계공학과 *기계우주항공공학부 *반도체기계공학과 *플렌트엔지니어링학과 *기계융합시스템공학부 *기계자동화융합학부 등

개설 대학

학과명	대학명
기계공학과(부)	서울대학교, 인하대학교, 부산대학교, 경희대학교, 중앙대학교, 영남대학교, 서강대학교 등
메카트로닉스 시스템공학과	한국공학대학교, 충남대학교, 경상국립대학교, 한국기술교육대학교, 전남대학교 등
로봇제어공학과	경상국립대학교 등
정밀기계공학과	경북대학교 등
기계우주항공공학부	국립순천대학교 등
기계제조공학과	한국공학대학교 등

기계공학 Q & A

Q 이 전공은 어떤 분야인지 소개해 주세요.

A 기계공학은 일상생활과 산업 현장에서 활용되는 기계설비나 장치를 설계하고 제작하는 방법을 배우는 학문입니다. 기계공학과에서는 기계설계, 재료역학, 유체역학, 열역학 등 기계공학 전반의 핵심 이론을 학습하며, 실제 기계를 만드는 데 필요한 종합적인 공학 지식을 습득하게 됩니다.

Q 학생들은 구체적으로 무엇을 배우나요?

A 기계공작법, 기계공학실험, 재료역학, 유체역학 등 기계의 설계와 제작에 필수적인 기초부터 응용까지 폭넓은 과목을 이수하게 됩니다. 또한 건설기계기술사, 건설기계설비기사, 기계기술사, 선박기계기술사 등 관련 전문 자격증 취득도 가능합니다.

Q 이 전공을 마친 후에는 어떤 진로로 나아갈 수 있나요?

A 건설기계공학기술자, 로봇공학자, 무인항공기시스템 개발자, 의료기기 개발 전문가, 자동차공학기술자, 항공우주공학자 등으로 진출할 수 있습니다. 관련 산업 분야로는 기계 제조업, 조선 · 해양 관련 기업, 항공 · 자동차 산업이

있으며, 전자 · 화공 · 금속 · 재료 등 거의 모든 산업 분야로 폭넓게 진출하고 있습니다. 또한 과학기술정보통신부, 국토교통부 등 공공기관에서도 활약할 수 있습니다.

7. 컴퓨터공학 · 전산학

전공 소개

컴퓨터공학은 현대 산업 사회의 발전을 주도해 왔고, 미래의 지식정보화 사회에서도 중추적인 역할을 담당하게 될 것이며, 이러한 컴퓨터와 관련된 제반 분야에 관하여 연구하는 최첨단 학문 분야입니다. 이에 우리 컴퓨터공학부는 인간중심의 지능정보화 컴퓨팅 기술 전문 인력을 양성하는 것을 비전으로 설정하고 인간중심 지능정보 기술의 글로벌 교육을 선도하는 것을 미션으로 설정하고 있습니다. 이를 달성하기 위해 사물인터넷, 소프트웨어, 인공지능 세 분야가 있으며 상호 연계성이 강한 분야의 특성상 컴퓨터공학/컴퓨터과학의 핵심적인 이론과 지식교육을 기반으로 여러 분야의 융합적인 교육이 가능하도록 스마트IoT트랙, 소프트웨어트랙, AI트랙 세 개의 트랙을 두고 특성화 분야의 심화 교육을 수행합니다.

한국기술교육대학교 컴퓨터공학부 홈페이지 전공 소개(https://www.koreatech.ac.kr/menu.es?mid=b10101000000).

관련 학과

*멀티미디어공학부 *멀티미디어시스템공학과 *멀티미디어정보통신과 *멀티미디어정보학부 *인공지능컴퓨터학과 *전산전자공학부 *전자계산학과 *정보전산학과 *컴퓨터공학과 *컴퓨터멀티미디어공학부 *컴퓨터시스템정보공학부 *컴퓨터응용과학과 *정보통신공학부 *전자지능로봇공학과 *IT경영공학과 *컴퓨터시뮬레이션학과 *컴퓨터정보기술공학부 *데이터사이언스학과 *지능SW공학부 *의료인공지능학과 *AI빅데이터학과 *스마트보완학과 *IT인공지능학부 *클라우드공학과 등

개설 대학

학과명	대학명
컴퓨터공학과(부)	서울대학교, 경희대학교, 강원대학교, 인하대학교, 동아대학교, 동국대학교, 한국공학대학교 등
정보통신공학부	충북대학교, 호서대학교, 명지대학교, 인하대학교, 국립군산대학교, 국립부경대학교, 국립공주대학교 등
멀티미디어공학부	국립강릉원주대학교, 한남대학교, 국립순천대학교, 국립목포대학교 등
데이터사이언스학과(부)	한양대학교, 인하대학교, 연세대학교, 서울여자대학교, 이화여자대학교, 강원대학교 등
AI빅데이터학과	우송대학교, 순천향대학교, 호남대학교, 호서대학교, 대진대학교, 대구가톨릭대학교 등
그밖에	클라우드공학과(가천대학교 등), 전산전자공학부(한동대학교 등)

컴퓨터공학 Q & A

Q 이 전공은 어떤 분야인지 소개해 주세요.

A 컴퓨터공학은 IT와 정보통신 기술을 기반으로 디지털 사회를 선도하는 핵심 공학 분야로, 소프트웨어와 하드웨어 전반을 아우르며 컴퓨터 시스템의 원리부터 실제 응용 프로그램 개발, 정보화 사업 관리까지 폭넓은 내용을 학습합니다.

Q 학생들은 구체적으로 무엇을 배우나요?

A 소프트웨어공학, 임베디드시스템, 데이터베이스, 알고리즘 설계, 네트워크 이론 등 이론과 실무를 아우르는 다양한 과목을 배우며, 전공과 관련해 정보처리기사, 네트워크관리사, 데이터분석전문가, 디지털포렌식전문가, 리눅스마스터, C-SAM(소프트웨어자산관리사), 정보시스템감리사 등 다양한 자격증 취득도 가능합니다.

Q 이 전공을 마친 후에는 어떤 진로로 나아갈 수 있나요?

A 시스템 소프트웨어 개발 회사, 게임 개발사, 정보통신 및 네트워크 기업, 기업체정보연구소, 보안시스템, 네트워크엔지니어링, 반도체설계, 데이터 보안 및 클라우드 서비스 분야 등 IT 관련 산업 전반에 진출할 수 있습니다. 또한 정보통신정책연구원, 과학기술정보통신부 등과 같은 공공기관에서도 활약할 수 있으며, 창업이나 프리랜서 개발자로서의 진로도 열려 있습니다.

정보통신공학 Q & A

Q 이 전공은 어떤 분야인지 소개해 주세요.

A 정보통신공학은 유 · 무선 통신망과 네트워크 기술을 활용해 고품질 정보를 신속하고 효율적으로 전달하는 원리와 기술을 배우는 학문입니다. 정보통신공학과에서는 통신 신호 처리, 네트워크 구조 설계, 5G · 6G와 같은 차세대 통신 기술 개발, 인공지능(AI) 및 사물인터넷(IoT) 기반의 응용 통신 기술까지 폭넓은 분야를 다룹니다.

Q 학생들은 구체적으로 무엇을 배우나요?

A 정보통신공학개론, 정보통신수학, 지능형시스템, 데이터구조론 등을 배우며, 전공 관련 자격증으로는 디지털포렌식전문가, 정보보안기사, 리눅스마스터, 전자계산기기사, IT-PMP, 정보시스템감리사, 정보처리기사 등 다양한 선택지가 있습니다.

Q 이 전공을 마친 후에는 어떤 진로로 나아갈 수 있나요?

A 드론전문가, 로봇공학자, 무선통신 엔지니어, 블록체인전문가, 스마트팜구축가, 인공지능전문가 등으로 진출할 수 있으며, 정보통신기업, 네트워크 운용업체, 시스템통합 회사(SI)뿐 아니라 한국전자통신연구원, 한국인터넷진흥원, 한국정보화진흥원 등 공공기관에서도 활약할 수 있습니다.

8. 반도체공학

전공 소개

4차 산업혁명을 주도해 나갈 대표적인 분야인 반도체공학은 모든 전자와 정보통신 산업의 기반이 되는 반도체 기기에 대한 학문이다. 반도체 분야는 반도체 소재, 소자, 공정, 회로, 설계, 아키텍처, 알고리즘 등의 분야로 유기적으로 연결되어 있으며, 차세대 반도체 혁명은 인공지능, 정보통신, 바이오, 나노 기술 등 다양한 첨단 기술의 융합이 중요하다. 따라서 반도체공학과에서는 이와 같은 미래 기술 사회를 선도하고, 미래 가치를 창출하며, 차세대 반도체 혁명을 주도할 세계적 수준의 반도체 분야 인재를 양성하기 위해 교육과 연구에 정진하고 있다. 또한 반도체공학과에서는 분야별로 특성화되어 교육 및 연구가 이루어지고 있으며, 다양한 타 전공과의 연계를 통한 학제간 융합 교육 및 연구가 진행되고 있다.

경희대학교 반도체공학과 홈페이지 전공 소개(https://eni.khu.ac.kr/eni/user/contents/view.do?menuNo=2000040).

관련 학과

*물리반도체학부 *반도체공학과 *반도체및신소재공학과 *반도체학과 *세라믹공학과 *세라믹화학공학부 *반도체ATE공학과 *컴퓨터멀티미디어학부 *텍스타일시스템공학과 *반도체물리학부 *반도체디스플레이학부 *반도체전자공학과 *반도체시스템공학과 *디스플레이학과 *차세대반도체학과 *AI반도체융합학부 *반도체시스템공학과 *나노융합반도체공학부 *첨단인재융합학부

개설 대학

학과명	대학명
반도체공학과(부)	고려대학교, 한양대학교, 포항공과대학교, 한국공학대학교, 경상국립대학교, 명지대학교 등
차세대반도체학과	영남대학교, 가천대학교, 국립부경대학교 등
반도체시스템공학과	성균관대학교, 고려대학교, 인하대학교, 국립한밭대학교, 세종대학교 등

반도체공학 Q & A

Q 이 전공은 어떤 분야인지 소개해 주세요.

A 반도체공학은 첨단산업의 핵심인 반도체의 원리와 응용 기술을 폭넓게 연구하는 학문입니다. 반도체의 작동 원리부터 설계 · 제조 공정, 최신 장비와 첨단 기술까지 체계적으로 교육하며, 새로운 반도체를 개발할 수 있는 전문 인재를 양성하는 것을 목표로 합니다.

Q 학생들은 구체적으로 무엇을 배우나요?

A 반도체공학, 반도체물리학, 전자회로설계, 반도체공정 등 반도체 전반에 걸친 이론과 실무 중심 과목들을 배우게 됩니다. 또한 전공과 관련해 반도체설계기사, 세라믹기술사, 전기기사 등 다양한 전문 자격증 취득도 가능해 졸업 후 산업 현장에 바로 투입될 수 있는 실력을 갖출 수 있습니다.

Q 이 전공을 마친 후에는 어떤 진로로 나아갈 수 있나요?

A 반도체 제조공정 개발 엔지니어, 집적회로(IC) 설계 엔지니어, 반도체 장비 개발자 등으로 활동할 수 있습니다. 또한 반도체 관련 대기업, IDM, Foundry, Packing 등의 소자 분야, Fabless 반도체 설계 분야, 반도체 제조 시설 장비를 개발하고 생산하는 장비 분야 등에 진출할 수 있으며, 한국전자통신연구원(ETRI), 한국표준과학연구원, 과학기술정보통신부 등 연구기관 및 공공기관에도 활약할 수 있습니다.

9. 응용공학: 소방

전공 소개

소방방재학과는 국가의 각종 재난으로부터 국민의 생명과 재산을 보호하고 국민생활의 안녕과 복리증진에 기여할 수 있는 소방행정공무원, 소방시설관리사, 소방기술사, 자연재해전문가, 방재 및 복구 전문 인력을 양성하기 위해 설립되었습니다. 소방방재학은 최근 안전 문화에 대한 국민의 관심 증가로 크게 각광받는 신설 학문으로서 소방, 토목, 건축, 기계, 전기 및 화학공학 등 다양한 분야가 접목되어 있는 특성화된 종합 학문입니다. 본 대학에서는 최근 급변하는 세계의 흐름 및 요구에 부응하기 위한 전문교육을 위해 학문적 이해와 더불어 첨단 기술이 접목된 공학적 응용 기술을 교육하고 있습니다. 이를 토대로 통합적인 사고력 배양과 첨단과학지식의 습득으로 창의와 실용의 시대에 능동적으로 대처할 수 있는 소방 및 방재 분야의 고급 전문 인력을 양성하고 있습니다.

대전대학교 소방방재학과 홈페이지 전공 소개(https://www.dju.ac.kr/fire/main.do).

관련 학과

소방(안전)공학과 *소방방재학과 *소방환경공학과 *소방설비공학과 *건축소방안전학과 *재난안전소방학과 *경찰소방학부 & 산업안전소방학과 *설비소방공학과 등

개설 대학

학과명	대학명
소방방재(공)학과	강원대학교, 창신대학교, 세명대학교, 호서대학교, 대구가톨릭대학교 등
소방(안전)공학과	국립부경대학교, 가천대학교 등
재난안전소방학과	건양대학교, 경운대학교 등

소방방재공학 Q & A

Q 이 전공은 어떤 분야인지 소개해 주세요.

A 소방방재학은 화재나 각종 재난으로부터 생명과 재산을 보호하기 위한 이론과 실무를 배우는 학문입니다. 예측이 어려운 대형 재난이 빈번해지는 현대 사회에서는 예방부터 대응, 복구까지 전 과정을 아우를 수 있는 전문성이 요구되는데, 소방방재공학과에서는 소방설비 안전관리, 설계, 방재 시스템 운영 등 실무 중심 교육을 통해 재난에 강한 전문 인력을 양성하고 있습니다.

Q 학생들은 구체적으로 무엇을 배우나요?

A 소방학개론, 소방전기공학개론, 소방기계공학개론, 방재학개론 등 소방과 재난 관리를 위한 기초 및 응용 과목들을 배우게 됩니다. 이와 함께 산업안전기사, 소방기술사, 소방설비기사, 소방시설관리사, 화재감식평가산업기사 등 다양한 자격증 취득도 가능해 실무 경쟁력을 갖출 수 있습니다.

Q 이 전공을 마친 후에는 어떤 진로로 나아갈 수 있나요?

A 소방공학기술자, 소방관, 소방 관리자, 화재감식전문가 등으로 활동할 수 있으며, 소방설비 시공 및 감리 회사, 안전관리 전문기업, 방재 시스템 관련 건설사 등 다양한 산업체에 진출할 수 있습니다. 또한 공무원, 소방안전교육사, 학교, 호텔 등 대형건물 소방시설관리사, 그리고 국립재난안전연구원, 한국화재보험협회, 한국소방산업기술원 등 관련 공공기관에서도 활약할 수 있어 공공성과 전문성을 함께 갖춘 유망한 전공입니다.

10. 소프트웨어공학

전공 소개

소프트웨어공학과에서는 컴퓨터 소프트웨어를 개발하고 활용하는 기술과 방법을 공부하며, 학생의 능력과 적성에 적합한 자율적인 교육을 실시한다. 소프트웨어공학은 충실한 전공지식과 응용력을 겸비한 인력의 양성과 산업 현장의 실천적이고 협동적인 인력을 양성하는 데 중점을 두는 학문이다. 소프트웨어공학과는 앞으로 미래 정보사회를 선도할 수 있는 융합 소프트웨어 전문 인력을 양성하는 학과로, 컴퓨터공학을 전공하는 학과는 많이 있지만 컴퓨터 소프트웨어만을 특화하여 전공으로 하는 학과는 매우 드물다는 면에서 큰 메리트가 있다. 소프트웨어 개발 인력의 수요는 산업 전반에 걸쳐 확대되고 있는 반면에 고급 인력의 공급은 절대적으로 부족한 실정이다. 따라서 소프트웨어공학이 그대들을 기다리고 있음을 인지하고, 여러분 스스로 블루 오션을 찾아서 드넓은 사이버 공간의 주인공이 되어 보라!

전남대학교 소프트웨어공학과 홈페이지 전공 소개(https://sw.jnu.ac.kr/sw/index.do).

관련 학과

*게임개발학과 *게임소프트웨어학과 *매체공학과 *소프트웨어게임학부 *인터넷소프트웨어공학부 *게임&애니메이션학과 *임베디드소프트웨어학과 *인터넷소프트웨어공학과 *컴퓨터게임학과 *게임기획학과 *모바일콘텐츠학과 *컴퓨터소프트웨어공학과 *디지털게임애니메이션학과 *컴퓨터공학부 *모바일IT공학과 *IoT인공지능융합전공 *디지털헬스케어학부 *실감미디어학과 등

개설 대학

학과명	대학명
(임베디드)소프트웨어학과(부)	국립군산대학교, 부산외국어대학교, 중앙대학교 등
컴퓨터공학	강원대학교, 가천대학교, 서강대학교, 영남대학교, 경기대학교, 동아대학교 등
게임소프트웨어(공)학과	호서대학교, 계명대학교, 목원대학교, 중부대학교 등
소프트웨어(공)학과	경상국립대학교, 성균관대학교, 한국항공대학교, 전북대학교, 전남대학교 등

소프트웨어공학 Q & A

Q 이 전공은 어떤 분야인지 소개해 주세요.

A 소프트웨어공학은 우리가 스마트폰으로 음식 주문을 하고, 클릭 한 번으로 온라인 쇼핑을 할 수 있게 해 주는 기술의 기반이 되는 학문입니다. 이 학과에서는 소프트웨어의 개발, 운용, 유지보수에 필요한 체계적이고 정량화된 방법론을 배우며, 실제 현장에서 적용 가능한 개발 절차와 품질 관리 방법에 대해 학습합니다. 소프트웨어 산업과 첨단 과학기술 분야를 선도할 창의적이고 실무 역량이 뛰어난 인재를 양성하는 것이 교육의 핵심 목표입니다.

Q 학생들은 구체적으로 무엇을 배우나요?

A 소프트웨어공학, 자료구조, 알고리즘, 프로그래밍 등 컴퓨터 과학의 기초와 소프트웨어 개발의 핵심 내용을 배우게 됩니다. 이와 함께 3D프린터개발산업기사, 데이터분석가, 디지털포렌식전문가, 리눅스마스터, 소프트웨어자산관리사 등 다양한 관련 자격증을 통해 전문성을 강화할 수 있습니다.

Q 이 전공을 마친 후에는 어떤 진로로 나아갈 수 있나요?

A 응용 소프트웨어 개발자 · 기획자, 시스템 소프트웨어 개발자, 가상현실/증강현실 전문가, 웹/모바일 응용 프로그램 개발자로 진출할 수 있습니다. 또한 한국전자통신연구원, 과학기술정보통신부 등과 같은 공공기관이나 정부출연 연구소에서도 활약할 수 있으며, 디지털 전환이 가속화되는 사회에서 그 수요는 계속 증가할 전망입니다.

11. 신소재공학

전공 소개

신소재공학은 삶의 질적 향상을 추구하는 21세기 산업에서 핵심소재를 연구, 개발하는 독립 분야일 뿐 아니라, 화학/물리, 전기/전자, 화공/생명, 컴퓨터/환경시스템, 건축/토목 등과 같은 다른 이공학 분야와 학문적으로 연계하여 그 과학과 기술을 융합하고 구체적으로 실현하는 분야로서 큰 중요성을 지니고 있습니다. 신소재공학은 물질의 조성과 그 조성에 의한 피코-나노-마이크로-매크로적 구조에 의해서 발현되는 소재의 물리, 화학, 전자기, 생물학적 성질을 이해하고, 이를 기능화하고 융합하여 유용한 소자와 시스템을 개발하고 응용하기 위한 학문이며, 복합적인 이공학 지식이 요구되는 분야입니다. 신소재공학자는 재료의 성질에 대한 이해뿐 아니라 각 재료들의 성질을 조합하여 유용한 상품으로 개발할 수 있는 설계 능력과 개발된 재료를 상용화할 수 있는 공정 기술 능력을 갖추어야 합니다.

연세대학교 신소재공학부 홈페이지 전공 소개(https://mse.yonsei.ac.kr/).

관련 학과

*신소재과학부 *신소재공학과 *신소재기계공학부 *신소재시스템학부 *신소재응용공학부 *신소재전기공학부 *유기소재공학과 *응용소재공학과 *첨단소재공학과 *화학신소재학과 *나노소재응용공학부 *생명화공정보신소재공학부 *환경신소재공학부 *응용화학소재공학부 *신소재환경공학과 *신소재나노화학공학부 *나노정보소재공학과 *디스플레이신소재공학과 *유기신소재파이버공학과 *식물환경신소재공학과 *세라믹신소재공학과 *해양바이오신소재학과 *융합에너지공학과 *항공신소재공학과 *베터리융합공학과 등

개설 대학

학과명	대학명
신소재공학과(부)	전남대학교, 성균관대학교, 국립순천대학교, 연세대학교, 한국공학대학교, 인천대학교 등
첨단(신)소재공학과	중앙대학교, 울산대학교, 신한대학교, 한양대학교(ERICA), 아주대학교 등
유기신소재파이버공학과	숭실대학교 등
항공신소재공학과	한서대학교, 경운대학교 등

신소재공학 Q & A

Q 이 전공은 어떤 분야인지 소개해 주세요.

A 신소재공학은 반도체, 특수합금, 탄소복합소재, 태양전지 등 첨단산업의 기반이 되는 재료를 설계하고 개발하는 학문입니다. 스마트폰부터 항공기, 친환경 에너지 설비에 이르기까지 다양한 산업 제품의 성능은 어떤 소재를 사용하는지에 따라 결정되므로, 신소재공학은 미래 기술을 이끄는 핵심 분야로 주목받고 있습니다. 신소재공학과에서는 다양한 재료의 구조와 특성을 깊이 있게 이해하고, 이를 바탕으로 새로운 소재를 창출하며, 이를 실제 산업에 적용할 수 있도록 가르칩니다.

Q 학생들은 구체적으로 무엇을 배우나요?

A 재료과학, 세라믹스개론, 무기재료공학, 첨단소재공학 등 신소재의 기초부터 응용까지 폭넓게 다루는 과목들을 학습하게 됩니다. 이와 함께 3D프린터개발산업기사, 금속기사, 반도체설계기사, 섬유기사, 세라믹기술사, 의류기사, 화공기사 등 전공과 관련된 다양한 자격증 취득도 가능합니다.

Q 이 전공을 마친 후에는 어떤 진로로 나아갈 수 있나요?

A 반도체(SK하이닉스, ASML코리아, DB하이텍 등), IT에너지(삼성SDI, 삼성디스플레이, LG디스플레이, LG화학 등), 모빌리티(현대자동차, 기아자동차, 포스코, 동국제강 등) 분야에 진출할 수 있습니다. 또한 한국나노기술연구원, 한국화학연구원, 한국재료연구원, 한국세라믹기술원, 한국생산기술연구원, 한국과학기술연구원, 한국전자통신연구원(ETRI) 등 공공 연구기관이나 정부 산하 기관에서도 활약할 수 있으며, 연구와 실무를 겸비한 융합형 인재로 성장할 수 있는 길이 열려 있습니다.

12. 자동차공학

전공 소개

자동차공학과는 미래자동차 산업의 주역이 될 인재를 양성하고자 2020년 신설된 학과입니다. 미래자동차는 기계, 전기, 전자, 소재, 화학, 에너지 등 수많은 기술을 필요로 합니다. 자동차는 기존 내연기관에서 전기자동차, 수소-전기자동차와 같은 친환경차로 변화하고 있으며, 더 나아가 UAM(Urban Air Mobility), 자율주행자동차와 같은 미래형 모빌리티로 진화하고 있습니다. 앞으로 자동차 공학기술은 인공지능, 빅데이터, 인간-기계 인터페이스 등의 새로운 기술과 융합될 것입니다. 계명대학교 자동차공학과는 다학제적 전공을 기반으로 미래자동차 산업의 주역이 될 창의적이고 실무에 강한 인재를 양성할 것입니다.

계명대학교 자동차공학과 홈페이지 전공 소개(http://kmuae.kmu.ac.kr/).

관련 학과

*카메카트로닉스학과 *자동차기계 · 전자공학부 *자동차기계공학과 *기계항공시스템공학부 *미래자동차공학부 *자동차소프트웨어학과 *기계자동차조선해양공학부 *자동차ICT공학과 *스마트자동차학과 *자동차응용공학과 *기계융합시스템공학부 *지능형자동차공학부 *자동차스마트부품산업학과 *자동차융합공학과 *스마트산업학부 *스마트모빌리티학과 *친환경자동차학과 등

개설 대학

학과명	대학명
자동차기계공학과	경성대학교, 신라대학교, 서울과학기술대학교, 전주대학교, 대구가톨릭대학교 등
미래자동차공학부	선문대학교, 경상국립대학교, 한양대학교, 국립공주대학교, 영남대학교, 대림대학교 등
스마트모빌리티(공)학과(부)	고려대학교, 인하대학교, 영남대학교, 동서대학교, 국립부경대학교, 국립경국대학교 등
기계융합시스템공학부	국립군산대학교 등
스마트자동차학과	순천향대학교, 서일대학교, 원광대학교, 국민대학교 등

매카트로닉스공학 Q & A

Q 이 전공은 어떤 분야인지 소개해 주세요.

A 메카트로닉스공학은 기계(mechanics)와 전자(electronics)의 합성어로, 기계공학과 전자공학을 기반으로 다양한 공학 지식을 융합해 자동화 시스템을 설계하고 운용하는 융합형 엔지니어를 양성하는 학문입니다. 기계, 전기 · 전자, 제어, 컴퓨터, 통신, IT 등 기술을 유기적으로 결합해 로봇, 드론, 스마트시스템 같은 융합 기술을 다루며, 특히 나노, 바이오, 의료 등 다양한 분야와 융합하여 함께 발전하고 있습니다.

Q 학생들은 구체적으로 무엇을 배우나요?

A 공업역학, 기계구조해석 및 설계, 로보틱스, 센서공학, 제어공학 등 융합 기술을 실현하는 데 필요한 핵심 과목들을 학습합니다. 또한 동력기계정비기능사, 로봇기구개발기사, 메카트로닉스기사 등 관련 자격증 취득을 통해 실무 능력도 함께 갖출 수 있습니다.

Q 이 전공을 마친 후에는 어떤 진로로 나아갈 수 있나요?

A 기계공학기술자, 로봇공학자, 드론전문가, 의료기기 개발자, 전기계측 · 제어기술자 등으로 활동할 수 있으며, 전기전자, 기계 분야, 항공우주, 의료기기, 플랜트 자동화 물류시스템 분야의 기업에 진출할 수 있습니다. 또한 한국기계연구원, 한국항공우주연구원, 한국전자통신연구원(ETRI), 과학기술정보통신부 등의 공공기관이나 연구기관에서도 활약할 수 있는 폭넓은 진로가 열려 있는 전공입니다.

자동차공학 Q & A

Q 이 전공은 어떤 분야인지 소개해 주세요.

A 자동차공학은 휘발유, 디젤, 가스, 하이브리드, 전기, 수소차 등 다양한 자동차를 설계하고 제작하는 데 필요한 기계, 전기 · 전자, 재료, 통신 기술 등을 융합적으로 배우는 학문입니다. 자동차공학과는 자동차의 설계, 제조, 조립에 이르는 전 생산 과정에서 발생하는 기술적 문제를 분석하고 해결할 수 있는 전문 역량을 갖춘 엔지니어를 양성합니다.

Q 학생들은 구체적으로 무엇을 배우나요?

A 자동차공학기초, 자동차재료학, 연소이론, 자동차기능학 등 자동차의 구조와 동작 원리를 이해하는 데 필요한 다양한 과목을 공부하게 되며, 이와 더불어 금속기사, 일반기계기사, 자동차정비기사 등 실무 중심의 자격증 취득도 가능해 졸업 후 산업 현장에 빠르게 적응할 수 있습니다.

Q 이 전공을 마친 후에는 어떤 진로로 나아갈 수 있나요?

A 자동차 제조사, 자동차 부품 설계 및 생산 회사, 하이브리드카, 연료전지 자동차, 전기자동차 등 차세대 자동차 산업 관련 업체, 건설/냉동 설비업체 등 다양한 기업체에 진출할 수 있으며, 한국교통연구원, 자동차부품연구원, 국토교통부 등과 같은 공공기관이나 연구기관에서도 자동차 산업의 미래를 이끄는 인재로서 활약할 수 있습니다.

13. 전기공학

전공 소개

전기공학은 국가산업과 국민복지의 원동력인 '전기에너지'에 관련된 모든 분야와 정보 기술, 가전, 제조업 분야 등의 기반 기술을 담당하는 학문분야로서, 어느 시대에서나 산업, 문화, 예술에서 첨단 기술에 이르기까지 실로 지대한 영향을 미치게 된다. 오늘날 정보혁명을 일으켜 지구촌을 하나의 정보문화권으로 만든, 이른바 첨단 정보 기술도 모든 분야에 전기의 이용을 용이하게 하는 전기공학의 발전을 바탕으로 하고 있는 것이다. 그만큼 전기 기술인의 사회적 역할과 사명은 중차대하며, 성실한 책무 이행이 사회로부터 엄중히 요구되는 것이다. 본 전기공학과는 이러한 사회적 명제 구현을 지향목표로 삼아, 국가 산업 발전과 국민복지 향상에 봉사할 미래 첨단사회의 신 기술인의 배출을 최우선의 목표로 정하고 있다.

인천대학교 전기공학과 홈페이지 전공 소개(https://elec.inu.ac.kr/elec/index.do?epTicket=LOG).

관련 학과

*전기공학과 *전기및반도체공학과 *전기 · 메카트로닉스공학부 *컴퓨터제어전기공학부 *전기정보통신공학부 *제어 · 전기공학부 *전기생체공학부 *전기전자컴퓨터공학부 *에너지전기공학과 *철도 · 전기공학부 *전기정보공학 *발전공학과 *전기전자소프트웨어공학과 *스마트그리드전공 *전기전자로봇통신공학부 *전기소방학부 *스마트전력인프라학과 *전기제어학부 *전기전자통신공학부 등

개설 대학

학과명	대학명
전기공학과(부)	국립창원대학교, 부산대학교, 인하대학교, 국립순천대학교, 광운대학교, 인천대학교 등
전기전자통신공학부	한국기술교육대학교, 동의대학교, 동양미래대학교 등
전자정보통신공학과	세종대학교, 동국대학교, 강원대학교, 국립부경대학교, 한국해양대학교 등
에너지전기공학과	동국대학교, 한국공학대학교, 우석대학교, 계명대학교, 국립경국대학교, 경상국립대학교 등
전기제어학부	동명대학교, 청주대학교 등

전기공학 Q & A

Q 이 전공은 어떤 분야인지 소개해 주세요.

A 전기공학은 전기에너지를 생산하고 효율적으로 전달하는 데 필요한 이론과 다양한 기술을 배우는 학문 분야입니다. 화석 연료, 수력, 원자력, 태양광, 풍력 등 다양한 에너지원으로부터 전기를 생산하는 원리부터, 전기를 안정적으로 전송하고 활용하는 기술까지 포괄적으로 다루며, 실제 산업 현장에서 적용 가능한 전기공학 인재 양성을 목표로 합니다.

Q 학생들은 구체적으로 무엇을 배우나요?

A 전기공학실험, 회로이론, 전자기학, 디지털회로 등 전기의 생성과 활용에 필요한 기초부터 응용까지 다양한 과목을 학습하며, 전공과 관련해 발송배전기술사, 전기공사기사, 전기기술사, 원자력발전기술사 등의 자격증도 취득할 수 있습니다.

Q 이 전공을 마친 후에는 어떤 진로로 나아갈 수 있나요?

A 무인자동화 엔지니어, 스마트그리드 엔지니어, 신재생에너지전문가, 전기공학기술자 등으로 활동할 수 있으며, 전력 회사, 에너지 기업, 정보통신 기업뿐 아니라 한국전기연구원, 과학기술정보통신부 등 공공기관에도 진출할 수 있습니다.

14. 전자공학

전공 소개

전자공학과에서는 IT 분야 기술의 급속한 발전에 발맞추어 컴퓨터 및 회로설계, 반도체, 통신, 신호처리, 제어공학, 인공지능, 영상처리 등 기초전공부터 세부 전공에 이르기까지 체계적인 교육이 이루어지고 있다. 분야별 균형 있는 이론과 실습 교육, 세부 전공의 실습과 설계 능력 배양을 위한 실용적인 교육과정, 엄격한 지도하의 졸업작품 제작 그리고 연구실 및 실험실 활성화 등을 통해 전문 지식의 습득과 함께 공학적 문제의 해결 능력을 갖춘 실용적인 전문인 양성을 목표로 한다.

서울과학기술대학교 전자공학과 홈페이지 전공 소개(https://ee.seoultech.ac.kr/).

관련 학과

*응용전자공학과 *전기광전자공학부 *전기전자공학과 *전기전자및자동차공학부 *전기전자정보공학과 *전기전자제어공학부 *전기전자컴퓨터공학부 *전자공학과 *전자기계공학부 *전자 · 시스템공학부 *전자전산전파공학부 *디지털전자공학부 *실용전자공학과 *디스플레이공학과 *항공전자및정보통신공학부 *융합전자공학부 *국방전자전기학과 *제어및로봇전공 *전자로봇공학과 등

개설 대학

학과명	대학명
전자공학과	경희대학교, 강원대학교, 서강대학교, 아주대학교, 국립창원대학교, 충남대학교 등
전기전자공학부	연세대학교, 부산대학교, 한국과학기술원(KAIST), 울산과학기술원(UNIST), 동서대학교, 고려대학교, 신라대학교 등
전자로봇공학과	부산외국어대학교 등
전자기계공학부	국립경국대학교 등
디스플레이(반도체)공학과	단국대학교, 한림대학교, 선문대학교, 호서대학교, 가천대학교 등

전자공학 Q & A

Q 이 전공은 어떤 분야인지 소개해 주세요.

A 전자공학은 전기를 기반으로 다양한 전자기기와 시스템을 설계하고 개발하여 인간의 삶을 풍요롭고 스마트하게 만드는 학문입니다. 전자공학과에서는 전기, 통신, 컴퓨터, 반도체, 자동차, 항공, 바이오 등 거의 모든 공학 분야에 응용되는 융합형 전공인 만큼, 전자기기의 핵심 원리와 기술을 배우게 됩니다.

Q 학생들은 구체적으로 무엇을 배우나요?

A 디지털통신, 물리전자공학, 신호 및 시스템, 컴퓨터 프로그래밍 등을 배우며, 관련 자격증으로는 반도체설계기사, 전기기사, 전자기사, 전파전자통신기사 등이 있습니다.

Q 이 전공을 마친 후에는 어떤 진로로 나아갈 수 있나요?

A 반도체, 인공지능, 유무선 통신, 멀티미디어, 광통신, 반도체칩, 디스플레이, 소프트웨어 산업 등 다양한 기업체로 진출할 수 있습니다. 또한 한국전자통신연구원(ETRI), 한국기계전기전자시험연구원, 과학기술정보통신부 등 다양한 공공기관이나 정부기관에서 전자기술전문가로 활동할 수 있습니다.

제7장

대학 전공 알아보기: 의약, 교육, 예체능계열

인문, 사회, 자연, 공학계열 외에 의약, 교육, 예체능계열 전공을 함께 소개합니다. 의약계열, 교육계열, 실기전형이 요구되는 예체능계열은 전공자율선택제로 입학하더라도 전공 선택이 제한됩니다. 그러나 진로 탐색 과정에서 다양한 전공을 이해하는 것은 의미가 있으므로, 의약 · 교육 · 예체능계열의 주요 전공들을 간략히 소개합니다.

일러두기

1. 전공 분류: 『2024 학과(전공) 분류 자료집』 (임소현 외, 2024)의 분류에 따름.
2. 전공 소개: 대학 홈페이지에서 일부 발췌함.
3. 관련 학과: 『2024 학과(전공) 분류 자료집』 (임소현 외, 2024)에서 발췌, 정리함.
4. 개설 대학: 대학 홈페이지에서 확인, 정리함. (2025년 기준)
5. 전공 Q & A: 커리어넷의 학과정보 및 대학 학과 홈페이지 참고, 새롭게 조사, 정리함.

1. 의약계열

계열	소계열	관련 학과
의약계열	의료	의학(의예과), 치의학(치의예과, 치의생학), 한의학(한의예과)
	간호	간호학(간호학과)
	약학	약학과, 제약학과
	치료 · 보건	보건학(공중보건학과, 방사선과, 보건관리학과, 산업보건학과, 의무기록정보학과, 요양관리학과, 한방건강학과, 치위생관리학과, 통합의료학과, 의무군사학과)
		재활학(물리치료학과, 작업치료학과, 재활학과, 미술치료학과, 심리재활학과, 청각언어치료전공, 헬스케어운동학과, 운동재활학과 등)
		의료공학(의공학과, 의료시스템공학부, 전문응급구조학전공, 치기공과, 의료기기학과, 의료정보학과, 한방의용공학과, 의공의료정보학과, 의생명학전공, 의료정보학과, 재활의료공학과, 디지털헬스케어학과, 바이오의료기기학과 등)

간호학 Q & A

Q 이 전공은 어떤 분야인지 소개해 주세요.

A 간호학은 전문적인 간호지식과 실무능력을 갖춘 간호사를 양성하기 위한 학문입니다. 과거에는 주로 여학생들이 선택하는 전공으로 인식되었지만, 최근에는 남학생들의 관심과 진학이 증가하면서 인기가 높은 전문 분야로 자리 잡고 있습니다.

Q 학생들은 구체적으로 무엇을 배우나요?

A 생명과학, 화학, 공중보건, 보건간호 외에도 아동간호학, 해부학, 병리학 등을 배우게 되며, 졸업 후 간호사 면허증, 보건교사 자격증 등의 자격을 취득할 수 있습니다.

Q 이 전공을 마친 후에는 어떤 진로로 나아갈 수 있나요?

A 간호사, 응급구조사, 보건교사, 보건직 공무원, 의료코디네이터 등과 같은 직업을 갖게 되며, 병원(장기이식코디네이터, 유전상담 간호사 등), 요양원, 의료 정보 회사 등의 기업 및 산업체, 한국보건사회연구원과 같은 연구기관, 질병관리본부, 한국보건복지인력개발원, 국제기구, 간호장교 등과 같은 정부 및 공공기관에 진출할 수 있어 취업 기회가 매우 높은 분야입니다.

물리치료학 Q & A

Q 이 전공은 어떤 분야인지 소개해 주세요.

A 물리치료학은 환자, 운동선수, 아동 등 다양한 대상에게 운동치료나 물리적인 요소를 적용하여 손상된 기능을 회복시키고, 장애를 최소화하도록 돕는 의학 전문 분야입니다.

Q 학생들은 구체적으로 무엇을 배우나요?

A 물리치료학, 신체진단학 및 실습, 신경계 물리치료학 및 실습, 근골격계 물리치료학 및 실습 등 다양한 과목을 배우게 되며, 이를 통해 물리치료사, 작업치료사 등의 자격증 준비를 할 수 있습니다.

Q 이 전공을 마친 후에는 어떤 진로로 나아갈 수 있나요?

A 물리치료사, 스포츠트레이너, 작업치료사 등으로 진출할 수 있으며, 대학 병원, 재활전문병원, 요양병원, 한국보건의료연구원, 보건소, 보건 · 의료 관련 공공기관 등 다양한 분야에서 활동할 수 있습니다.

2. 교육계열

계열	소계열	관련 학과
교육계열	교육학 일반	교육학과 등
	유아교육학	아동보육학과, 유아교육과, 아동교육상담학과, 영유아학과 등
	특수교육학	언어병리학전공, 언어치료청각학과, 언어치료학과, 유아특수교육과, 특수교육학과, 특수체육교육과, 언어심리치료학부, 한국수어교육전공, 재활복지학부 등
	초등교육학	초등교육과, 초등미술,영어, 음악, 체육, 수학, 실과교육과 등
	언어교육	국어교육과, 독어교육과, 불어교육과, 영어교육과, 일어교육과, 한문교육과, TESOL학과, 아동영어교육학과 등
	인문교육	기독교교육과, 문헌정보교육과, 기독교육과, 윤리교육과, 종교교육과 등
	사회교육	국사교육과, 사회교육과, 상업교육과, 역사교육과, 일반사회교육과, 지리교육과 등
	공학교육	건축공학교육과, 기계교육과, 전기공학교육과, 컴퓨터교육과, 건설공학교육과 등
	자연계	가정교육과, 과학교육과, 기술교육과, 물리교육과, 농업교육과, 산업교육학과, 생물교육과, 수산교육과, 수학교육과, 지구과학교육과, 화학교육과, 수해양산업교육과 등
	예체능	무용교육과, 보건교육과, 음악교육과, 미술교육과, 체육교육과 등

교사가 되는 경로는 교육대학(초등)과 사범대학(중등, 유아, 특수) 외에도 일반대학 교직과정 이수, 교육대학원이 있습니다.

교육학 Q & A

Q 이 전공은 어떤 분야인지 소개해 주세요.

A 교육학은 교육에 대한 이론적 탐구와 학교 현장에 대한 이해를 바탕으로, 교육 전반에 관한 통찰력을 기르는 학문입니다. 교육학과에서는 교수학습, 학생심리, 교육정책 등 다양한 영역을 다루며, 실제 교육 현장에서 발생하는 문제를 분석하고 해결할 수 있는 교육전문가를 양성하고 있습니다.

Q 학생들은 구체적으로 무엇을 배우나요?

A 교육철학, 교육과정, 교육심리, 교육행정 등 다양한 교과목을 배우며, 중등학교2급정교사, 청소년지도사, 평생교육사 등의 자격을 취득할 수 있습니다.

Q 이 전공을 마친 후에는 어떤 진로로 나아갈 수 있나요?

A 교육 관련 기업, 중등교원, 교육행정공무원 등의 직업을 갖게 되며, 교육 관련 연구소, 평생교육기관, 한국교육개발원, 한국교육과정평가원, 한국직업능력연구원 등 정부 및 공공기관 등에 진출할 수 있습니다.

국어교육학 Q & A

Q 이 전공은 어떤 분야인지 소개해 주세요.

A 국어교육학은 국어학, 국문학, 언어학 등의 이론적 지식을 바탕으로 국어를 효과적으로 가르칠 수 있는 교사를 양성하는 학문입니다.

Q 학생들은 구체적으로 무엇을 배우나요?

A 국어과교육론, 국문학개론, 국어학개론 등 국어교육의 이론과 실제를 다루는 다양한 과목을 배우게 되며, 졸업 후에는 중등학교2급정교사 자격증을 취득할 수 있습니다.

Q 이 전공을 마친 후에는 어떤 진로로 나아갈 수 있나요?

A 교육공무원, 국어교사, 방송작가, 한국어 강사 등 다양한 분야로 진출할 수 있으며, 사설학원, 신문사, 출판사, 광고기획사, 교육청 등 공공 및 민간기관에서도 활약할 수 있습니다.

3. 예체능계열

계열	소계열	관련 학과
예체능 계열	디자인	디자인 일반(디자인학과, 패션디자인과, 미술디자인학과, 디자인비즈학부, 예술문화디자인학 등), 산업디자인(산업공예디자인학과, 산업디자인학과, 토이디자인학과, 홍보디자인학과, 산업토털디자인 전공, 산업디자인융합학과 등)
		시각디자인(시각디자인학과, 시각멀티미디어디자인과, 시각영상디자인학부, 시각정보디자인학부, 시각커뮤니케이션디자인학과, 시각디자인·문화컨텐츠학부, 시각멀티미디어디자인학과, 시각문화디자인학과 등)
		패션디자인(패션디자인학부, 공영의상학과, 패션스타일리스트학과, 페션뷰티디자인학과, 패션디자인비즈니스학과, 한국복학과학학과, 섬유패션디자인학부, 섬유패션코디네이션학과 등)
	공예	공예(공예과, 금속공예과, 도예과, 보석학부, 산업공예과, 섬유공예학과, 도예디자인학과, 전통미술공예학과, 귀금속주얼리학과, 유리세라믹디자인학과, 금속조형디자인학과 등)
	조형	관광조소전공, 예술조형학부, 조소학과, 조형예술학과, 판화과, 환경조각학과, 조형정보디자인과, 조각학과 등

	음악	음악학과, 국악과, 기악과, 성악과, 작곡과
	체육	건강관리학과, 경기지도학과, 경찰무도학과, 경호경비학과, 경호학과, 레저스포츠학과, 무도학과, 사회체육과, 생활체육학과, 스포츠건강과학과, 해양스포츠학과, 실버복지스포츠학부, 헬스디자인학과, 스포츠재활트랙 등
	무용	무용과, 댄스교육학과, 공용예술무용학과, 민속예술무용학과 등
	사진 · 만화	디지털애니메이션학과, 만화영상학부, 만화예술학과, 사진영상공학과, 사진영상애니메이션학전공, 사진영상학부, 사진영상미디어학과, 만화게임영상학과, 광고사진영상학과, 웹툰 · 애니메이션과 등
	연극 · 영화	공연학부, 무대예술학과, 방송연기학과, 연극연예학부, 연극영화학부 등
	영상 · 예술	공연영상학과, 다중매체사진영상학부, 디지털문화예술학부, 멀티미디어영상학부, 미디어예술학부, 방송영상정보학부, 연극영상학과, 영상매스컴학부, 영상연출학과, 영상음악학과, 예술영상학부, 향장미용학부, 뷰티학부, 글로벌 K-Culture 학부 등

스포츠지도학 Q & A

Q 이 전공은 어떤 분야인지 소개해 주세요.

A 스포츠지도학은 체육에 대한 전문 지식을 기반으로 지도 능력과 지도 역량을 갖춘 스포츠지도사를 양성하는 학문입니다. 최근 스포츠에 대한 관심이 높아지면서 스포츠 분야의 전문 인력에 대한 수요가 꾸준히 증가하고 있으며, 이에 스포츠지도사의 중요성은 확대될 것으로 기대됩니다.

Q 학생들은 구체적으로 무엇을 배우나요?

A 스포츠심리학, 스포츠사회학, 스포츠마케팅, 스포츠행정관리 등을 배우게 되며, 이와 관련하여 경기지도자, 생활체육지도사, 응급구조사, 유소년/노인/장애인스포츠지도사 자격증을 취득할 수 있습니다.

Q 이 전공을 마친 후에는 어떤 진로로 나아갈 수 있나요?

A 프로스포츠 구단, 기업 · 단체 건강교육센터, 스포츠 애널리스트, 스포츠센터, 종합병원 스포츠의학센터 등 다양한 산업체에서 활동할 수 있습니다. 또한 체육교사, 운동건강관리사, 노인 · 유소년 · 생활체육지도사 등 교육 분야와 국민체육진흥공단, 한국스포츠정책개발원 등 스포츠 관련 공공기관, 종합체육시설, 국민체력센터 등 정부 · 공공기관으로도 진출할 수 있습니다.

음악학 Q & A

Q 이 전공은 어떤 분야인지 소개해 주세요.

A 음악학은 음악 전반에 걸친 이론을 연구하고 다양한 악기를 연주하며, 전문성을 갖춘 음악인을 양성하는 학문입니다. 서양음악과 전통음악은 물론 방송, 영화 음악을 작곡하는 실용음악 분야까지 폭넓은 영역을 다룹니다.

Q 학생들은 구체적으로 무엇을 배우나요?

A 대위법, 합창, 화성법, 앙상블, 화성법 등 음악의 이론과 실기를 함께 배우며, 작곡 및 연주 능력을 체계적으로 기르게 됩니다.

Q 이 전공을 마친 후에는 어떤 진로로 나아갈 수 있나요?

A 국악인, 녹음기사, 성악가, 음악교사 등 다양한 분야에서 전문가로 활동할 수 있으며, 음반제작사, 합창단, 연주단체, 오페라단, 방송사, 음악학원 등 민간 분야는 물론, 예술의 전당 등 문화 예술 관련 공공기관에도 진출할 수 있습니다.

제8장

대학 생활 성공하기

대학 전공 선택을 위한 중요한 정보들을 확인하였습니다.
이제 성공적인 대학 생활을 위해 한 발짝 더 나아가야겠지요?
지금부터 더욱 주의 깊게 살펴보고 힘차게 전진합시다!

1. 가장 중요한 것은 '주체성'

전공을 선택하는 것 자체보다 더욱 중요한 것은 무엇일까요? 전공 선택 이후의 대학 생활입니다.

전공을 결정한 후, 대학 차원에서 학생들을 위한 다양한 지원이 충분하게 제공되기를 기대합니다.[1] 전공 이수를 위한 로드맵이 필요한데, 학년별·진로별로 이수해야 할 과목과 필수 요건을 명확히 안내하고, 심화 학습 과정과 졸업논문 등 졸업 요건이 제시되어야 합니다. 또한 학업 계획 수립과 학습관리, 학업성취도 향상과 실패 예방을 위한 지원이 필요합니다. 멘토링과 상담 프로그램도 적극적으로 운영되어야 합니다. 전공 선택 후 다시 전공을 변경하는 경우에는 더욱 세심한 지원이 요구됩니다. 대학에서 제공하는 다양한 지원 프로그램을 꼼꼼하게 확인하고, 자신에게 필요한 지원을 적극적으로 활용하는 것이 중요합니다.

이처럼 필요한 정보와 지원을 스스로 찾고 활용하는 것을 포함하여, 대학 생활에서 중요한 것은 무엇일까요?[2]

- ▶ 정해진 과목이 있더라도 직접 수업 시간표를 짜 보는 것
- ▶ 동기들이 선택하지 않는 과목이라도 관심이 있다면 용기 있게 선택해 보는 것
- ▶ 졸업 요건을 주의 깊게 확인하고, 해야 할 일을 미리 계획해 보는 것
- ▶ 궁금한 점을 명확히 정리하고, 누구에게 확인해야 할지 파악하

는 것

- 하고 싶은 일이 있더라도 수업과 출결에 지장이 없도록 일찍 자거나 준비하는 것

이러한 자세가 바로 '**주체성**(agency)'입니다. 내 삶과 행동의 주인! 제1장에서도 언급하였는데, 자기주도적이면서 문제해결력이 있어야 합니다. 기본적으로는 '**자율**'과 '**책임**'을 바탕으로 '**자기관리**'가 필요하고, 함께 할 동료들과 서로 도움을 주고 받으면서 성장하는 '**협력**'이 중요합니다. 가장 기본적으로는 수업에 빠지거나 지각하지 않는 것부터 시작해 보세요. 앞자리에 앉기, 수업 중에는 스마트기기로 SNS 연락을 확인하지 않기도 실천해 보세요. 매일 30분 책 읽기, 취침 전 스마트폰 없는 시간 등 작은 실천이 많은 변화를 만듭니다. '연간 100권의 책을 읽는다.'라는 목표를 세운 학생은 연말이 다가오자 시집을 읽으면서 목표를 채웠다고 합니다. 그래도 대단하지요? 한 주에 한 권씩, 1년에 50권을 읽으면 대학 4년 동안 200권을 읽을 수 있습니다! 작은 노력이 모여 큰 성과를 가져옵니다.

주체성 있는 적극적인 대학 생활을 위해 가까운 곳에서 자원과 정보를 찾는 것이 중요합니다. 가장 먼저 소속 **학과**가 주요 정보원이 됩니다. 학과의 조교 선생님이나 교수님을 가깝게 생각하고 찾아갈 것을 추천합니다. 경제적으로 어려운 상황이 생기면, 이를 알리고 장학금 등 지원을 받을 수도 있습니다. 학과 발전기금, 장학금, 학내 근로조교, 교수 연구사업 참여 등 다양한 기회가 있습니다. 교외 아르바이트보다 나은 보상을 받고 학업에 도움이 되는 경험을 할 수도 있습니다. 아직 소속 학과가 없다면, 무전공 학생의 학사지도를 담

당하는 부서를 적극 활용하세요.

주체성 있는 대학 생활 계획 구상하기

주체성 있는 대학 생활의 자세와 실천은 무엇인가요?
내 삶과 행동의 주인이 되는 계획을 세워 보세요.

예기치 않은 일이 생기거나 자신을 더 잘 알고 싶을 때, 진로와 취·창업과 관련되어 실질적인 도움을 받고자 할 때도 있겠지요. 대학 내 **학생상담센터**에서는 심리검사와 심리 상담을 제공합니다. **인권센터**는 인권과 성에 관련된 문제가 생겼을 때 도움을 받을 수 있습니다. 대학의 교수학습센터를 **CTL**(Center for Teaching and Learning)이라고 하는데, 학습을 지원하는 다양한 프로그램을 운영하며, 학습에 대한 상담을 제공하기도 합니다. **인재개발원**과 같은 취업 관련 기관에서는 취업지원 프로그램을 운영하며, 취업 정보와 상담을 제공하고 있습니다. 제2장을 다시 살펴볼까요? 학내 기관의 전문적인 도움을 필요한 때 적절하게 받으세요.

전공자율선택제로 입학하는 학생은 소속감을 가질 만한 곳이 없거나 대학 적응에 어려움을 느낄 수 있습니다. 대학에서 만나는 사람들과의 **관계**는 중요합니다. 동료 및 선후배와 효과적으로 교류하고, 교수님과 조교 등 학교의 교직원과도 적절하게 소통해야 합니다. 또한 성공적인 학업과 팀 과제를 위해 협업의 기술을 발휘해야 합니다. 누군가 다가오기를 기다리기보다 먼저 다가가고, 주위에 도움을 요청하며 또한 도움을 주어야 합니다. 인간관계가 즐거워야 대학 생활도 만족스럽겠지요. 대학에서 맺는 다양한 인간관계는 앞으로의 사회생활에도 큰 자산이 됩니다.

학과에 따라 학생의 적성과 진로에 맞는 교육과정 지도를 하기도 합니다. 이화여자대학교 교육학과는 학생의 진로를 교육연구개발(연구자), 학교인성교육(교사), 글로벌다문화교육 전문가로 구분하여 트랙별 학사지도를 하고 있습니다.[3]

[트랙 1] 교육연구개발전문가

구분	트랙 1(교육연구개발전문가 트랙)
트랙별 진출 분야	한국교육개발원, 한국교육과정평가원 등 교육연구소
트랙별 핵심 역량	지식탐구역량, 창의융합역량
트랙별 중점 사항	대학원 진학 지도

[트랙 2] 학교인성교육전문가

구분	트랙 2(학교인성교육전문가 트랙)
트랙별 진출 분야	초 · 중 · 고등학교
트랙별 핵심 역량	창의융합역량, 공존공감역량
트랙별 중점 사항	학생들의 임용시험 준비 적극 지원

[트랙 3] 글로벌다문화교육전문가

구분	트랙 3(글로벌다문화교육전문가 트랙)
트랙별 진출 분야	해외교육기관, 사회교육기관, 국제교육개발협력기구, 다문화 연구소와 센터, 교육개발컨설팅회사, 국제이해교육원 등
트랙별 핵심 역량	세계시민역량, 문화예술역량, 공감능력, 의사소통능력
트랙별 중점 사항	발전교육, 비교교육, 국제교육개발협력, 지역교육문화의 다양성과 특수성에 대한 전문 지식을 개발하고 외국어능력, 다문화적 감수성, 차이와 다양성에 대한 수용력, 사회적 책임감과 봉사 정신 등 세계시민의식과 태도 함양

또한 많은 대학에서 학과 교수와 상담을 할 수 있는 정규 과목을 운영하고 있습니다. 충남대학교에서는 '미래설계상담'을 재학 중 4학기 이상 이수하면서 지도교수와 학업과 진로에 대한 상담을 하고 있습니다. 자신의 흥미와 진로에 맞는 학습 설계를 위한 제도를 적극적으로 활용하세요.

2. 대학에서 시험, 과제, 발표의 성공 전략

교육기관인 대학에서 의미 있는 성취를 이루기 위해서는 어떻게 해야 할까요?

대학 시험과 평가를 준비하는 전략을 살펴보겠습니다. 대학의 시험은 학기의 중간과 기말에 지필시험을 보는 경우가 많지만 과목마다 다르게 진행됩니다. 학습준비도 평가의 성격을 띠는 '예습퀴즈'를 보는 경우, 학기 중 여러 차례 '수시평가'를 보는 경우, 고등학교 때처럼 총괄평가의 성격으로 중간 또는 기말고사를 보는 경우 등 다양합니다. 시험이 아닌 과제나 프로젝트와 같은 수행평가는 시험보다 더 큰 부담이 될 수도 있습니다. 어떤 방식이든 '학습을 위한 평가' '학습으로서의 평가'를 경험하기를 바랍니다.

대학에서는 교수자에게 평가권이 있어서 출제 방식이 다르므로, 강의계획서와 수업 중 안내되는 평가에 대한 설명을 꼼꼼히 확인해야 합니다. 이해가 되지 않는 부분은 예의를 갖추어 질문해도 됩니다. 대학의 수업과 평가는 교수자의 자율성이 크다는 점을 기억하세요. 그래서 너무나 당연한 말이지만, '수업 시간에 온전히 집중하는 것'이야말로 최고의 시험 전략입니다. 시험 범위가 넓고 난도가 높기에 벼락치기로는 좋은 결과를 기대하기 어렵습니다. 그리고 시험 전에는 여유 있게 공부 계획을 세우고 실천하는 습관을 들이세요. 핸드폰은 멀리 두고!

대학 수업은 과제의 연속입니다. 학습의 일환으로, 평가를 위해 과제가 부여됩니다. **과제**를 잘하려면 어떻게 해야 할까요?

첫째, 과제에 대한 안내 숙지하기. 교수님이 글로 제시하거나 말로 설명하는 '과제 안내'가 가장 중요한 과제 팁이 됩니다. 둘째, 과제의 난도와 소요 시간을 미리 파악하기. 완성도 높은 결과물을 기한 내에 제출할 수 있도록 계획하세요. 셋째, 제출 방법과 기한 준수하기. 과제를 공지하면서 다음 주 수업에 제출하라고 하는 경우도 있습니다. 수업에 빠지지 않고, 수업을 함께 듣는 친구를 사귀어 두는 것도 중요합니다. 생성형 AI 활용에 대한 가이드가 제공되는 경우가 많은데, 반드시 지침을 확인하고 윤리적이고 적합한 방식으로 과제를 수행해야 합니다.

대표적인 과제인 **리포트**(report)와 **발표**의 기본기를 소개합니다.[4] 형식이 좋으면 더욱 내용이 돋보이겠지요? 대학 이후에도 글과 발표로 업무를 수행할 기회가 많으니, 지금부터 준비한다고 생각해도 좋습니다. 글쓰기와 PPT 제작 방법을 공부하는 것도 좋습니다. 이 밖에 공부 전략과 시험 준비 등 자세한 내용은 **『신입생을 위한 대학 생활 안내서』**(강서현, 박수정, 2025) 책을 추천합니다.

리포트 작성 TIP

학문 분야와 교수님에 따라 선호되는 리포트 양식은 다릅니다. 일반적으로 요구되는 리포트 작성 전략을 소개합니다. 리포트의 '형식'을 갖추고 가장 중요한 '내용'을 충실하게 담아 보세요.

◇ **창의적인 제목 달기:** '○○○ 책에 대한 서평'보다는 서평의 내용을 요약할 수 있는 제목을 다는 것을 추천합니다(예: 나, 너, 우리가 행복하게 사는 법).

◇ **소목차 달기:** 1쪽 분량이면 보통 통글로 쓰지만, 3쪽이 넘으면 소목차를 다는 것을 추천합니다. 소목차는 진하게 쓰고, 내용을 함축적으로 표현하는 것을 추천합니다(예: 내가 행복하게 사는 것은 / 네가 행복하게 사는 것은 / 우리가 행복하게 사는 것은).

◇ **조사 보고서 쓰기:** 조사 보고서의 경우는 로마자 + 적절한 제목을 답니다(예: Ⅰ. 조사 배경, Ⅱ. 문제의식, Ⅲ. 조사 결과, Ⅳ. 제언).

◇ **글 퇴고하기:** 글은 반드시 퇴고의 과정을 거쳐야 합니다. 주어와 서술어가 맞는지, 어색한 표현이 없는지, 오탈자가 있는지 확인하고 수정합니다. 주어진 분량에 맞도록 내용을 늘리거나 줄여야 하는 경우도 있고, 편집이 잘 되었는지도 확인합니다. 초고를 두 번 세 번 살피고 수정하면 반드시 글이 좋아집니다.

◇ **문장 쓰기:** 문장은 마침표로 끝나는 글의 단위입니다. 정확한 표현으로 가급적 짧게, 5줄을 넘지 않도록 합니다. 문장이 너무 길어지면 적절히 나눕니다.

- ◇ 문단 쓰기: 문단은 두 개 이상의 문장으로 구성되고, 생각의 덩어리를 의미합니다. 가독성을 위해 10줄을 넘지 않도록 합니다. 너무 길어지면 적절히 나눕니다.
- ◇ 문단 구분하기: 새로운 문단을 시작할 때마다 '들여쓰기'를 하여 새로운 생각의 덩어리임을 표시합니다. 혹은 각 문단을 한 줄 정도 띄우고 쓸 수도 있습니다.
- ◇ 도입문과 연결사 쓰기: 글을 시작할 때 적절한 도입문을 넣고, 글과 글 사이에 적절한 연결사를 넣습니다. 적절한 마무리 문장도 필수입니다.
- ◇ 출처 쓰기: 연구나 기사를 인용을 하였을 경우, 출처를 달아야 합니다. 글 마지막에 한 줄 띄우고 '참고문헌'이라 쓰고 출처를 가나다순으로 밝힙니다. 출처 표기는 학문 분야마다 다른데, 교육학과 심리학은 APA(미국교육심리학회) 방식으로 작성합니다.
- ◇ 좋은 출처 참고하기: 사전은 국립국어원의 표준국어대사전, 법령은 법제처의 법령정보검색시스템, 통계는 공신력 있는 기관에서 제공하는 자료, 학술적 연구는 구글 스칼라와 RISS 등에서 검색하고 인용합니다. 대부분의 학술 자료(논문, 보고서)는 대학 도서관을 통해 온라인으로 원문을 입수할 수 있습니다.
- ◇ 기타: 과제에 페이지 꼭 넣기! 주어진 분량 채우기(주어진 분량을 꽉 차게)!

발표 자료 제작 TIP

수업에 따라 다르지만 발표 자료는 대부분 파워포인트(PPT)로 만듭니다. PPT로 발표하는 자료 제작에 참고하세요. 돋보이는 발표자료가 될 겁니다.

◇ 깔끔하고 세련되게: 수업 분위기, 과제의 성격에 맞추어 만듭니다.
◇ 어미 통일: "~ 함." "~ 하다." "~ 합니다." 등이 섞이지 않도록 합니다.
◇ 글씨체 통일: 한두 가지 글씨체만 사용하면 더욱 깔끔합니다.
◇ 시각화: 시각적으로 구성을 잘하고 이미지를 통해 가독성을 높입니다.
◇ 적절한 이미지: 내용에 적합한 이미지, 해상도 높은 이미지를 선택합니다.
◇ 글은 10줄 이내: 슬라이드 한 장에 너무 많은 내용은 가독성 저하!
◇ 설명할 내용과 다르게: 발표 자료≠시나리오! 눈과 귀를 다르게 접근!
◇ 중요한 단어 강조: 크게, 진하게, 색상 넣기 등 과하지 않게 적절히!
◇ 출처 표기: 인용한 표나 그래프 아래에 출처를 달면 신뢰감 상승!
◇ 참고문헌 제시: 마지막에 참고문헌을 정리하면 역시 신뢰감 상승!
◇ 툴 사용: 미리캔버스, 캔바 등 PPT 제작 툴을 사용하여 도움 받기!
◇ 마무리: 마지막 슬라이드에 "감사합니다."만 표시하는 것보다는 가장 중요한 메시지를 넣고, 제목을 넣어 주제를 상기하도록 합니다(메세지 + "경청해 주셔서 감사합니다." / 제목 + "경청에 감사드립니다." 등).

발표하기 TIP

발표를 잘하려면 무엇보다 '재료'가 좋아야 합니다. 충실한 준비가 기본, 그리고 멋진 발표는 가점! 수업 중 학생들 앞에서 발표할 경우, 다음을 생각하면서 준비합니다.

◇ 발표 시간 준수하기: 정해진 시간을 확인하고 그 시간 내에 효과적으로 발표하도록 합니다. 전체 내용을 압축하여 줄거리를 발표하는 경우가 많은데, 때로는 핵심을 부각하여 발표하는 것도 전략입니다. 즉, 전체 내용을 일률적으로 요약하는 것보다 초점을 둔 내용을 중심으로 발표하는 것이 효과적일 수 있습니다.

◇ 발표 자료 그대로 읽지 않기: PPT로 발표하는 경우 PPT에 쓰여진 내용을 '그대로' 읽는 것은 흥미로운 발표가 되지 못합니다. 발표 자료는 핵심 텍스트를 개조식으로, 글보다는 표나 그림으로 시각화하고, 발표문을 따로 준비합니다.

◇ 적절하게 준비하기: 발표 시간이 10분이면 PPT는 10~20장 정도로 준비합니다. 1분에 400자 정도 말하기 때문에, 10분이면 4,000자 이내로 시나리오를 준비합니다(글자 수 확인은 한글과 워드 등에서 확인 가능).

◇ 자신 있게 발표하기: 어깨를 펴고 청중을 바라보면서 크고 분명한 목소리로 발표하면 내용 전달에 효과적이고, 신뢰감과 좋은 인상을 줄 수 있습니다.

◇ 스토리라인 갖추어 발표하기: 발표에서 시작하는 말과 마무리하는 말이 있으면 더욱 몰입되고 알찬 발표가 될 수 있습니다. 바로 본론으로 들어가는 것보다는 적당한 도입부가 필요한데, 이를테면 발표 주제를 선택한 이유, 발표 주제와 최근 상황과의 연결 등으로 시작합니다. 마무리는 발표를 마치며 하고 싶은 말을 준비하여 남깁니다. '기승전결'의 구성을 갖추어 전체 발표 내용을 구상해 보세요.

◇ 질문 포함하여 발표하기: 질문은 집중을 가져옵니다. 의문문의 형태를 적절하게 포함하여 발표 시나리오를 작성해 보세요. '~은 무엇이라고 생각하시나요?' '~에 대해서 어디에서 들어 본 적이 있을까요?' '~는 우리 사회에 어떤 영향을 가져올까요?' 이런 질문은 답을 하지 않더라도 발표에 몰입하게 하고 생각을 해 보게 합니다.

◇ 팀으로 발표하기: 여러 명이 한 팀으로 발표한다면, 시간을 나누어 발표하거나 기기 조작과 발표를 분담합니다. 단, 역할을 기계적으로 배분하여 발표한다는 인상을 주지 않는 것이 좋습니다.

◇ 미리 준비하기: 일찍 도착하여 작동이 잘 되는지 미리 확인합니다. 발표하는 순서에서 자료를 설치하거나 내려받으려면 시간이 지체되고 자료를 열지 못하거나 작동하지 않는 경우가 있습니다. 동영상 자료는 소리가 나오는지, 온라인 자료는 연결이 잘 되는지도 확인합니다. 미리 연습도 했지요? 준비 또 준비!

3. 도전하는 자가 아름답다

대학에서 성공적인 수강 전략은 무엇일까요? '좋은 학점을 받을 수 있다고 소문난 수업 듣기'일까요?

'제대로 가르쳐 주는 수업 듣고 제대로 배우기.' 어렵더라도 분명 도전할 만한 가치가 있습니다. 등록금과 시간, 노력을 투자하는 만큼, 비용 대비 효과가 있어야 하지 않을까요? 연구는 일관되게 '설명 중심 수업(강의식 수업)'보다 '**학생 참여 수업**'이 학습 효과가 더 높다고 합니다. 하지만 대학생들이 선호하는 수업은 '설명 중심 수업'으로 나타나 상반되는 연구결과를 보입니다.[5] 그래도 알고 있지요? 학생 참여와 상호작용이 있는 수업, 진정한 팀 학습이 이루어지는 수업이 제대로 배우고 많이 남는 수업입니다.

팀 학습은 학생 참여 수업의 대표적인 방법입니다. 그러나 팀플에 대해 꼭 해야 하는지 의문을 갖게 됩니다. 팀플에 무임승차자가 생기고, 누군가 떠맡게 되고, 평가가 공정하지 못하다는 생각이 학생들로 하여금 팀플에 부정적인 인식을 갖게 하는 것 같습니다. 그러나 사회에서 '혼자 하는 일'은 거의 없습니다. 대학에서 팀플을 통해 문제해결능력과 4C, 즉 창의성, 비판적 사고, 의사소통, 협업 능력을 기르고 발휘하는 경험을 많이 해 보는 것이 중요합니다.

팀플이 성공하려면 무엇보다 '교수자'가 잘해야 합니다! **『대학 수업은 처음입니다』**(박수정, 2023) 책에서 여덟 가지 비법을 교수자에게 추천했습니다. 수업 규칙, 팀 구성, 팀 빌딩, 팀 규칙, 팀 과제, 팀 발표, 팀 성찰, 기여도 평가입니다.[6] 대학의 교수자들이 효과적인 팀 학습의 설계와 운영을 한다면, 학생들은 진정한 팀 학습을 경험하고 의미 있는 성과를 낼 것입니다.

학생들은 무엇을 해야 할까요?

강의계획서를 꼼꼼히 살펴보고, 팀 학습 설계가 효과적이고 교수자의 지원이 잘 이루어질 것으로 생각되는 수업을 선택하세요. 팀으로 하나 되는 활동인 '**팀 빌딩**'을 교수자가 잘 지원해 주면 좋지만, 그렇지 않은 경우 팀원 간 신뢰를 쌓을 수 있는 시간을 갖고 팀원들이 지켜야 할 팀 규칙을 함께 정해 보세요. 팀 활동 중반쯤에 함께 성찰하는 시간을 갖는 것도 좋습니다. 무엇보다 학습에 대한 책무성을 되돌아보며 '나부터 잘하기' 그리고 '함께 잘하기' 위해 팀 리더십을 기르고 발휘해 봅시다. 무엇보다 '**팀 규칙**'을 팀원이 함께 정하고 이를 준수하는 것이 중요합니다. 목적과 방향을 공유하고, 역할을 적절히 분담하며, 협업 도구를 활용하는 것도 팀 학습에 도움이 됩니다.[7]

팀 빌딩 추천 활동

- **자기소개**: 1분 자기소개(관심사, 추천 여행지 등), 키워드 3개로 나를 표현하기 등
- **아이스 브레이킹**: 초성 게임(훈민정음 게임), 진진가(나에 대해 진짜 2개, 가짜 1개 말하고 팀원이 가짜 맞추기 게임) 등
- **팀 이름, 팀 구호 정하기**: NGT(명목집단법) 활용, 각자 의견을 글로 써서 나누고 함께 정하기
- **팀 규칙 정하기**: 팀 규칙, 팀 구성원이 지켜야 할 규칙 3개 각자 제안하고 협의하여 함께 정하기

팀 성찰 추천 활동

- **우리 팀의 강점, 보완할 점, 제안사항 각자 말하고 토의하기**
  (팀 규칙에 대한 성찰도 가능, 팀 학습 중반에 실시하여 개선 반영)

팀 학습의 적은 '**무임승차자**', 팀에서 한 사람의 몫을 하지 않기에 '지각된 태만'으로 지목됩니다. 다음은 팀 과제에서 지각된 태만을 측정하는 문항(일부)입니다.[8] 팀원들과 함께 이러한 행동에 대한 생각을 나누고 팀원이 하지 말아야 할 행동의 기준으로 삼아도 좋겠습니다.

- 팀원들은 단체 대화방의 메시지를 읽지 않거나 읽고도 답장하지 않는다.
- 팀원들은 불평불만만 늘어놓고 정작 도움이나 해결책을 제시하지 않는다.
- 팀원들은 자신의 의견이나 아이디어를 적극적으로 제시하지 않는다.
- 팀원들은 팀 성과에 관심이 없다.
- 팀원들은 약속한 과제 기한을 어긴다.
- 팀원들은 다양한 핑계를 대면서 회의에 참석하지 않는다.
- 팀원들은 자기의 역할 이외에 다른 팀원의 과제에 무관심하다.

협업 노력을 막는 장애물은 사실 개인에게만 있지는 않습니다. 목표 부재 혹은 불명확한 목표, 시간 부족, 자원 부족은 집단 과정에 중요하게 작용합니다.[9] 목표를 함께 설정하고, 공유하며, 시간과 자원 부족을 인지하면서, 이를 보완하는 방안을 마련해야 합니다. 다 함께 성공하는 팀 학습을 할 수 있도록 지혜를 모아 봅시다.

팀 학습, 팀플은 쉽지 않지만 꼭 필요합니다. 코로나19를 겪으면서 온라인 줌(Zoom) 수업에서도 팀 학습을 할 수 있었고, 그래서 **『온라인 수업에서 팀 학습 어떻게 할까』**(박수정, 2021) 책을 썼습니다.[10] 학부생들과 함께 온라인 프로젝트 수업 사례에 대한 연구를 하고 논문도 발표했지요.[11] 학부생도 교수님과 논문 발표가 가능합니다. 미국의 유수 기업에서는 한국 학생의 개인 역량은 뛰어나지만, **협업** 능력이 부족하다는 평가가 많다고 합니다. 대학에서 협업과 팀 학습의 성공 경험을 많이 쌓는다면 사회에서도 잘 할 수 있지 않을까요? 팀 학습은 **갈등 관리**도 필수적입니다. 어렵고 힘들어도 적극적으로 참여하여 더 큰 역량을 키울 수 있기 바랍니다. 성공적인 팀 학습의 성공과 이를 통한 성장을 응원합니다.

대학 수업과 지원 외에도, 대학생과 청년을 위한 다양한 기회가 있습니다. 역시 적극적으로 기회를 활용할 것을 권합니다. 선택 기준으로 '**효과성**'과 '**효율성**'이 있습니다. 목표를 달성할 수 있다면 효과적이고, 적은 투입으로 산출을 내면 효율적입니다. 하려는 것이 어떤 목표를 달성하는 데 도움이 될지, 그것에 투입되는 시간과 비용과 노력은 어떠할지 판단해 보세요. '**기회비용**'도 고려해야 합니다. 아르바이트로 학자금을 버는 것과 공부에 집중해 장학금을 받는 것은 함께 재 볼 필요가 있습니다. 동아리 활동으로 큰 즐거움을 얻는다면 취업에 실익이 없어도 충분한 의미가 있습니다. '**발전 가능성**'과 '**학습**'에 대한 도움은 물질적인 보상이 안 되어도 나의 성장에 도움이 된다면 한번 해 보는 것도 나쁘지 않겠지요? 대학생으로서 할 수 있는 모든 것에 도전해 보세요!

경험과 도전의 선택 기준: 효과성, 효율성, 기회비용 + 발전 가능성, 학습성

4. 대학의 안팎에서 경험하는 비교과 활동

대학 생활은 정규 수업을 넘어 다양한 비교과 활동을 통해 완성됩니다. 대학에서 제공하는 **비교과 프로그램**은 매우 다양하며, 학생의 성장과 진로 탐색에 큰 도움이 됩니다. 이 중에는 학점으로 인정되는 활동도 있으니, 대학의 비교과 교육과정을 꼼꼼히 살펴보고 관심 있는 활동에 적극적으로 참여해 보세요.

주요 비교과 활동 예시

- **특강 및 행사**: 전문가 초청 특강, 각종 세미나, 문화 행사 등
- **현장 방문 및 체험**: 산업체 견학, 현장 답사, 실습 등
- **동아리 · 봉사 · 대외활동**: 학술 · 취미 동아리, 봉사활동, 교내 근로, 대외활동
- **학습지원 프로그램**:
  - CTL(교수학습센터)에서 제공하는 학습법 특강, 학습 상담, 학습 동아리, 멘토링, 튜터링
  - 인재개발원의 취업 · 창업 특강, 진로 상담
- **경진대회 · 공모전**: 각종 대회, 공모전, 사업단 주최 행사
- **인턴십**: 학교 연계 또는 개인적으로 참여하는 인턴십
- **학점교류**: 국내외 대학과의 학점 교류, 교환학생
- **청년 · 지역 · 취미활동**: 청년단체, 지역사회 활동, 취미활동 등

교내 기관 중 CTL(Center for Teaching and Learning)과 인재개발원의 프로그램을 추천합니다. **CTL**은 잘 가르치고 배우기 위한 다양한 지원을 하는 곳인데, 대학생들에게 다양한 학습지원 프로그램을 운

영합니다. **인재개발원**은 학생의 취업과 창업을 위한 다양한 특강과 상담을 하고 있습니다. 학교와 사업단 홈페이지에 올라오는 공고를 확인하고 좋은 기회를 잡아 보세요. 대학에 따라서는 **비교과지원센터**와 같은 조직이 있어서 다양한 프로그램을 통합적으로 관리하기도 합니다. 비교과 활동들에 참여하면 비교과 마일리지(장학금 등)를 주고 포상하기도 하니 실력도 기르고 일석이조겠지요?

경진대회, **공모전**, **인턴십** 등은 교수님의 안내, 동아리, 사업단 등 다양한 경로로 참여할 수 있습니다. 예를 들어, 충남대학교 교육학과의 전공 캡스톤디자인 수업에서는 학생들이 진로교육 보드게임을 개발해 제품 출시와 특허까지 경험하였고, 이후 방학 중 산업체 인턴십(9주)에도 참여하여 진로를 변경한 사례가 있습니다. 학기 중 정부출연기관 인턴십(4개월)을 통해 취업에 가까워진 사례도 있습니다. 이처럼 실전 경험은 진로 설계와 취업 준비에 큰 도움이 됩니다. 국내외 **학점교류**, **교환학생** 프로그램도 시야를 넓힐 수 있는 좋은 기회입니다. 영어 등 준비가 필요한 경우 미리 계획을 세우세요.

전국 · 지역 · 대학 단위의 청년활동, 봉사, 취미활동도 모두 소중한 경험이 됩니다. 스펙보다 중요한 것은 역량입니다. 돈으로 살 수 없는 경험은 평생 나의 자산이 됩니다. 필요한 **역량**을 채우고 실질적인 도움을 받을 수 있는 프로그램에 적극적으로 참여하거나, 직접 활동을 기획해 보는 것도 진로 개척에 큰 힘이 됩니다.

대학생으로서 '혼자' 도전하는 일도 있지만, 팀으로 '함께' 도전하는 활동도 많습니다. 강의실에서 이루어지는 팀 학습 외에도 사회에서 만나는 기회는 **협업**의 연속입니다. 학습공동체, 팀 프로젝트, 공모전 등에서 성공하려면 다음과 같은 원칙이 중요합니다. 반드시 함께 성공하세요!

학습공동체 운영의 성공 전략

- 목적을 제시하고 공유된 가치와 목표를 기반으로 팀을 구성할 것
- 협력활동 과정에 대해 동료 간에 피드백 그리고 전문가 멘토의 피드백을 통해 지속적인 상호작용을 할 것
- 팀원 간 지식과 경험을 기반으로 활동을 계획하고 공정한 역할 분배와 규칙을 통해 개인의 책무성을 강화할 것.

도전 계획 구상하기

대학생으로서 누릴 수 있는 경험과 기회!
대학과 사회에서 도전해 보고 싶은 것들을 계획해 보세요.

5. 대학 그리고 대학 이후

대학은 더 넓은 세상으로 나아가는 출발점입니다. 대학과 대학 이후의 삶을 생각해 봅니다.

대학에서 꼭 배워야 할 것은 무엇일까요? 어떤 역량을 키워야 할까요? 대학 생활을 대하는 나의 태도는 어떤 것이어야 할까요? 대학 이후 어떤 삶을 살아야 할까요? 스스로 그 답을 가지고 있으리라 생각합니다. 학점보다 더 중요한 것은 역량과 태도, 평생 잘 배울 수 있고 의미 있는 실행을 할 수 있는 사람, 『OECD 교육 2030』에서 제시한 교육의 지향은 개인과 사회의 '**웰빙**(well-being)'입니다. 총체적 잘살기, 모두의 꿈이겠지요. 나의 웰빙을 만들어 가고 사회의 웰빙에도 기여하는 사람이 됩시다.

대학을 사회적으로 바라보고 행동하는 것도 필요합니다. 비판적 사고 역량을 키우고, 사회봉사, 지역문제해결 등의 활동에 참여하는 것도 그 일환입니다. 인류와 공동체에 기여하는 삶을 만들어 갑시다. 이를 위해서는 '**자기관리**'가 기본입니다. 나부터 시간과 행동과 태도를 잘 관리하여 효능감 있는 사람이 되어야 합니다. 남에게 피해를 주지 않는 것이 바로 '**기여**'의 첫 단추입니다. 그리고 우리와 이웃과 세계로 기여를 확장하는 것, 정의와 포용의 '**세계시민**'으로 성장하고 행동하는 것이 중요합니다. 바로 내 옆에 있는 학생에게 손을 내미는 것에서부터 시작하여 모든 이의 인권을 중시하고 지속 가능한 발전을 생활 속에서 실천하면서 더 나은 사회로 나아가는 것, 모든 대학생의 미션입니다.

"나를 귀하게 여기고, 귀한 사람으로 만드세요."

20대의 과업에 대해 질문을 받았는데, 대답은 이것이었답니다. 최근 장안의 화제가 된 MBC 다큐멘터리 〈어른 김장하〉에서 "이 사회는 평범한 사람이 지탱하는 것"이라는 말이 깊게 박혔습니다. 이 말은 곧 '모든 삶이 소중하다'는 뜻이겠지요. 모두가 귀한 사람, 소중한 삶입니다. 무엇보다 '좋아하는 일'을 찾으면 좋겠습니다. 좋아하다 보면 잘할 수 있답니다. 하고자 하는 마음이 나를 춤추게 하고 능력도 만들어 간다고 생각합니다. 좋아하는 것을 내 일로 삼으면 내 삶도 행복할 것. '평생직장'은 사라졌어도, '평생 내 일'은 있겠지요?

살아가는 힘, 실력을 만드는 시기가 20대. 'Slow and steady wins the race.' 즉, 천천히 그리고 꾸준히 실력을 쌓아 가고, 나를 필요로 하는 곳을 만드는 것도 매우 중요한 과업입니다. **'인격과 역량을 갖추고, 계속 배우고 성장하며, 포용과 정의를 실천하는 세계시민'**, 교육과 학습의 이상에 가까워질 것입니다.

대학에서 그리고 대학생으로서의 경험은 앞으로의 삶에 큰 자산이 될 것입니다. 대학의 전공 선택은 의미 있는 출발점이며, 내 삶의 긴 여정에서 매우 중요한 단계에 진입하였습니다. 이제 힘차게 나아가기만 하면 됩니다. 당신을 응원합니다!

후주

제1장 대학 전공 이해하기

1 박수정(2023). 대학 수업은 처음입니다. 학지사.

2 박수정(2023). 대학 수업은 처음입니다. 학지사.

3 [카드뉴스] 전공자율선택제를 통해 학생의 전공선택권을 확대해요! https://www.moe.go.kr/boardCnts/viewRenew.do?boardID=340&lev=0&statusYN=W&s=moe&m=020201&opType=N&boardSeq=98278

4 Gordon, V. N., & Steele, G. E. (2015). *The undecided college student: An academic and career advising challenge* (4th ed.). Charles C Thomas.

5 서울대학교 홈페이지(https://advising.snu.ac.kr/resources_401/).

6 서울대학교 홈페이지(https://advising.snu.ac.kr/resources_601/).
서울대학교 홈페이지(https://sdm.snu.ac.kr/%ec%a0%84%ea%b3%b5%ed%98%84%ed%99%a9/).

7 서울대학교 홈페이지(https://advising.snu.ac.kr/%ea%b5%90%ea%b3%bc%ec%9d%b8%ec%a6%9d%ea%b3%bc%ec%a0%95/).

8 충남대학교(https://ile.cnu.ac.kr/ile/innovation/microdegree.do).

9 박수정(2023). 대학 수업은 처음입니다. 학지사.

10 중앙대학교 대학 · 학과별 전공심화과정 이수표(https://www.cau.ac.kr/cms/FR_CON/index.do?MENU_ID=2190).

11 각 대학 교육학과 홈페이지 참고.

12 한국교양기초교육원(2022). 대학교양기초교육 표준 모델안.

13 한국교양기초교육원(2022). 대학교양기초교육 표준 모델안.

14 한국교양기초교육원(2022). 대학교양기초교육 표준 모델안.
15 단국대학교 자유교양대학 홈페이지 교육과정(https://cms.dankook.ac.kr/web/liberalarts).
16 김선영 외(2023). 한국 대학의 교양기초 교육과정 구성과 운영 실태. 한국대학교육협의회.
17 김선영 외(2023). 한국 대학의 교양기초 교육과정 구성과 운영 실태. 한국대학교육협의회.
18 https://www.cb.or.kr/creditbank/base/nMain.do
19 임소현 외(2024). 2024 학과(전공) 분류 자료집. 한국교육개발원
20 임소현 외(2024). 2024 학과(전공) 분류 자료집. 한국교육개발원.
21 임소현 외(2024). 2024 학과(전공) 분류 자료집. 한국교육개발원.

제8장 대학 생활 성공하기

1 이석열 외(2025). 전공 자율선택제의 이해와 실천. 학지사.
2 강서현, 박수정(2025). 신입생을 위한 대학 생활 안내서. 충남대학교출판문화원.
3 이화여자대학교 교육학과 홈페이지(https://cms.ewha.ac.kr/user/indexSub.action?codyMenuSeq=3019316&siteId=ewhaedu&menuUIType=tab).
4 강서현, 박수정(2025). 신입생을 위한 대학 생활 안내서. 충남대학교출판문화원.
5 김경언, 이상기(2024). 대학생의 교양교육 인식 및 요구 분석-C 대학을 중심으로. 교양교육연구, 18(5), 245-260.
박신향(2016). PBL 수업과 강의식 수업 비교를 통한 수업 방식 선호 연구. 학습자중심교과교육연구, 16(9), 1-21.
6 박수정(2023). 대학 수업은 처음입니다. 학지사.
7 강서현, 박수정(2025). 신입생을 위한 대학 생활 안내서. 충남대학교출판문화원.
8 한종임, 장유진(2024). 대학생의 조별 과제 상황에서 지각된 태만 척도

개발 및 타당화. 교육학연구, 62(6), 193-224.

9 Kolb, J. A., & Gray, B. L. (2007). Using collaborative alliances to build leadership capacity: A five-year initiative. *Central Business Review, 26*(1), 11-16.

10 박수정(2021). 온라인 수업에서 팀 학습 어떻게 할까. 학지사.

11 박수정, 박진호, 장은아(2021). 지역사회 연계 프로젝트 수업 사례 분석. 학습자중심교과교육연구, 21(10), 949-966.

찾아보기

저자 소개

박 수 정 Soojung Park

서울대학교 대학원 교육학과 졸업 (교육학 박사)

현 충남대학교 교육학과 교수

충남대학교 대학교육개발센터장, 기초교양교육원부원장, 교육연구소장, 교직부장

〈주요 저서〉

『AI시대 캡스톤디자인 교육』 (학지사, 2025)

『신입생을 위한 대학 생활 안내서』 (충남대학교출판문화원, 2025)

『교육행정입문』 (박영스토리, 2024)

『교육연구논문작성법』 (박영스토리, 2024)

『대학 수업은 처음입니다』 (학지사, 2023) 외 다수

김 선 영 Sunyoung Kim

미국 University of Florida 대학원 교육학과 졸업 (Ph.D.)

현 경남대학교 자유전공학부 교수

경남대학교 성과관리센터장, 경험기반교육센터장, 학생성공혁신센터장, 학생설계지원센터장

〈주요 저서〉

『교육연구논문작성법』 (박영스토리, 2024)

『자기계발과 리더십』 (형설출판사, 2015) 외 다수

교육학 교수가 알려주는
슬기로운 전공 선택 가이드
대학 전공 선택 +α
Choosing a College Major +α:
A Smart Guide to Choosing Your Major

2025년 9월 1일 1판 1쇄 인쇄
2025년 9월 10일 1판 1쇄 발행

지은이 • 박수정 · 김선영
펴낸이 • 김진환
펴낸곳 • ㈜ 학지사
04031 서울특별시 마포구 양화로 15길 20 마인드월드빌딩
대표전화 • 02-330-5114 팩스 • 02-324-2345
등록번호 • 제313-2006-000265호

홈페이지 • http://www.hakjisa.co.kr
인스타그램 • https://www.instagram.com/hakjisabook

ISBN 978-89-997-3489-2 93370

정가 15,000원